25
unconventional ideas
to grow your brand and
your business

品牌变现

25 个立于不败之地的
品牌战略

［英］
尼克·林德　理查德·布坎南
—— 著 ——
宋旭 译

江西人民出版社
Jiangxi People's Publishing House
全国百佳出版社

图书在版编目（CIP）数据

品牌变现：25个立于不败之地的品牌战略 / （英）尼克·林德，（英）理查德·布坎南著；宋旭译. -- 南昌：江西人民出版社，2020.4
ISBN 978-7-210-12092-6

Ⅰ.①品… Ⅱ.①尼… ②理… ③宋… Ⅲ.①企业管理—品牌战略—研究 Ⅳ.①F272.3

中国版本图书馆CIP数据核字(2020)第034724号

版权登记号：14-2020-0012

品牌变现：25个立于不败之地的品牌战略

（英）尼克·林德 （英）理查德·布坎南 / 著

宋旭 / 译

责任编辑 / 冯雪松

出版发行 / 江西人民出版社

印刷 / 唐山富达印务有限公司

版次 / 2020年4月第1版

2020年4月第1次印刷

880毫米×1230毫米 1/32 9.5印张

字数 / 220千字

ISBN 978-7-210-12092-6

定价 / 48.00元

赣版权登字-01-2020-13

前言 Preface

在工作中，什么人会对你的品牌造成最坏的影响？

可能就是你自己。

这本书在开头为那些想了解不同工作思路的人提出了一系列的问题。其中有些问题是为了故意煽动读者的，就像上面这个问题；有些问题是为了鼓励个人反应的；而剩下的问题则是为了进行小组讨论的。所有这些问题都是与我们在生活学院的朋友一同拟定的，这是一个全球性的组织，由哲学家、心理学家、教师和治疗专家组成，致力于开发情商。所以在疯狂想法的背后必定有某些方法。

我们挑选了25个问题来探索生活和工作的方方面面，并围绕每个问题分别写了一章的内容：相关原因、人们对这个主题的思考以及我们自己的想法。每一章都有一篇采访，对象是一些对我们有启发的人。我们借工作之便，与世界上最有意思的慈善机构、文化机构和公司进行过合作，因此要感谢所有同意参加本书的人的无私奉献。每章最后都有一条"本章结语"，提出了这一章独立的观点，并附上了我们设计的例子，来总结每章的思维。

本书的阅读方法没有对错之分。我们怀疑，许多挑剔的人会直接跳到每章末尾的例子。如果某些章节的标题、例子或结语对你特别有吸引力，那么的确可以从你感兴趣的部分开始阅读。你也可以忽略我们所有的观点，只关注受访人的想法，这也是一个阅读的好办法。我们已经尽量将各种各样的人和事囊括到本书中，所以无论你是对非营利性机构感兴趣，还是对艺术、运动、创业等感兴趣，总能找到适合你的内容。

如果你对例子、受访人或结语都不感兴趣，那么就花点时间，来想想怎么回答本简介开头提出的问题吧。

目录 Contents

25. 你的工作使你感到开心吗

PART 01

与约翰·阿勒特（John Allert）的对话

迈凯伦首席营销官

谁才是你品牌的敌人

马蒂·诺伊迈尔总是喜欢关于挑战的主题。他写了《急变》（Zag）这本书，教你怎么让品牌大变样。在这本书里，他鼓励读者"找一个你能找到的最大且最成功的竞争对手"。这么做不是为了向大块头脸上扬沙子——而是通过确定你恨的人来证明你到底是谁。就像诺伊迈尔所说的，"如果没有哥利亚，大卫什么也不是"。

我们都喜欢弱者最后成功的故事，比如维珍智胜英国航空公司，本杰瑞蚕食哈根达斯的市场份额，网飞对百事达迎头痛击。尽管这些故事非常吸引人，但是弱者都在讲一件事：每一位小人物最终都想变成强者，而且每一个强者在一开始的时候都是小人物。维珍、亚马逊、本杰瑞和网飞一开始在我们心目中都是小人物，现在却都成了一方霸主。他们可能还会保留一开始的挑战精神，但是他们使用的武器却都已经鸟枪换炮了。

苹果公司的故事就是弱者成长为强者的一个缩影。无论苹果公司的规模发展得有多大，史蒂夫·乔布斯的精神似乎已经向企业注入了一种挑战者思维，激励着所有员工在创新和盈利方面不断进步。这种思维在苹果多年以来参与的企业纠纷中体现得最为明显。

2010年，史蒂夫·乔布斯承诺要对谷歌安卓操作系统的知识产权侵权进行一次"热核式"回应。苹果与诺基亚的竞争因法律纠纷而中断，这给苹果带来了数百万美元的损失。苹果还跟三星打了一场漫长的官司，为的是争谁应该拥有圆角智能手机的概念——这场官司涉及的金额达到数亿美元。似乎苹果在每个发展节点上都能遇到强大的对手。

1984年的超级碗广告很明显就是为了激怒IBM，因为苹果提出了"不同凡响"的口号——IBM自1911年开始就是用"想（Think）"作为宣传口号，并在1935年（将IBM注册为商标前的15年）就将这个词注册成了商标。随着IBM进入咨询和B2B应用领域，苹果又将目标转移到了微软身上，并开展了一系列"苹果笔记本电脑与个人电脑"的行动。

每个英雄都需要一个强大的对手

在这些对手中，苹果明显将自己摆在了英雄的位置上。

而且每一个英雄都需要一个对手。事实证明，选一个好对手，能让企业对客户更有吸引力。2012年，一项针对苹果电脑用户的研究发现，苹果用户对该品牌的认可度越高，他们就越喜欢听到微软不幸的消息。但这种情况不一定是好事情。2007年，一份对苹果的深入研究证明，苹果电脑用户如果非常忠实于这个品牌，那么他们不仅会对对手品牌的不幸感到高兴，还会认为自己与对手品牌的用户不同，而且要高于对手品牌的用户。对抗和冲突能够使消费者变得兴奋，但是这些对抗也可能让支持自己的用户离开或失去理智。

在企业里，对抗会有什么影响呢？学术研究认为，找对手对于管理者来说，可能是一种非常强大的激励工具。2010年的一份对竞争心理学的研究表明，由于竞争关系的存在，企业不太可能自满和停步不前。但是，这次研究的作者也指出，这种激励也有不好的一面：这样做会让管理层把打击对手看得比为股东或客户创造价值更重要，因此可能在可持续发展和企业责任等方面不愿意参与跨行业合作，且会鼓励一种不惜一切代价取得胜利的思想，从而造成不道德的行为或过高的风险。

在过度竞争方面，优步公司就是一个很好的案例。在2017年，优步花费了大量的时间来处理参与这些行动所造成的后果。

2017年1月，该公司花费了2000万美元来了结美国联邦政府对其在司机收入方面存在误导行为的调查。一个月之后，苏珊·福勒发表了一篇博文，详细地讲述了她在担任优步工程师期间遭受到的该公司对女性的歧视。同月，谷歌的自动驾驶汽车分公司Waymo起诉优步，说其"盗用了"前者的技术。3月，优步总裁辞职，说他和公司之间"三观不合"。4月，优步被爆出正在执行一个名为"地狱"的计划，来监视其主要竞争对手莱福特，而在9月，该公司因缺乏企业责任而失去了在伦敦的营业执照。

寻找竞争对手可以说是一种非常冒险的活动。你不仅要有激励员工的能力，还要能建立一种与众不同且值得拥有的品牌。但是，能力越大，责任越大：在选对手的时候得放聪明点，避免产生"黑化"的后果。

那么，怎样才能找到正确的对手呢？

▌迈凯伦：关注正确的敌人

几乎没有什么行业的竞争强度能超过一级方程式赛车，竞争强度能超过迈凯伦与法拉利之间的竞争的几乎没有。恩佐·法拉利将他的全部热情和精力投入到了事业中，来打造一支能够主导一项运动的团队，以检测人类的体能、智能和技术的极限。

法拉利可谓一级方程式的皇室——是迄今为止唯一一支从1950年第一次比赛就参加这项运动的车队——而且赢得了16次车队世界冠军和15次车手世界冠军，是历史上最耀眼的车队。

迈凯伦车队于1966年进入一级方程式比赛，且只有一个简单的目标：挑战法拉利车队的统治地位。马蒂·诺伊迈尔可能已经同意了他们的方法。迈凯伦的一切都跟法拉利反着来。

如果说法拉利张扬且有表现力，那么迈凯伦就是严谨和低调的。法拉利在昂首阔步前进的时候，迈凯伦只是在简单地跟随。

不到两年的时间，迈凯伦就在制造商锦标赛中排到了法拉利之后。两年之后，布鲁斯·迈凯伦惨死于试车过程中。又过了四年，迈凯伦车队用第一个团队冠军来纪念他，将法拉利挤到了第二的位置。自此之后，这两支车队就较上劲了，不断地竞争历史上最有才华的车手和工程师，以及车手冠军和车队冠军。

我们造访了迈凯伦的技术中心，与其首席营销官约翰·阿勒特进行了会面，了解了业内人士是如何看待在一个竞争极其激烈的领域中一家公司利用其竞争对手来提升其业绩的。显然，把法拉利作为本次对话的开场主题最合适不过了。

约翰·阿勒特 如果你问别人，"谁是迈凯伦的竞争对手？"这个问题，可能大部分人会说是法拉利。我们所在的两大行业，一级方程式赛车和超级跑车，都要有很好的讲故事的能力。当法拉利和迈凯伦想方设法击败对手的时候，对这种能力的要求达到了顶峰。就好比在星球大战中，如果只有天行者的话，那么就没意思了。你得既有天行者，也有黑武士。在这两个行业中，你可以说我们就是黑武士。我们并不是受欢迎的冠军，我们有点黑暗，但黑武士是星球大战里面最受欢迎的角色之一。

我认为，这两个品牌之间的竞争还起到了一个作用，那就是对于具有不同价值观或不同性格的人来说，这种竞争就是一种路标机制，能够让他们用其中一个品牌认清自己。你要么喜欢天行者，要么喜欢黑武士。不同的品牌与不同的心态产生共鸣，这是一件健康的事。

虽然极少有首席营销官会喜欢把自己的公司比作黑武士，但是约翰·阿勒特对此却感到非常舒服。

迈凯伦技术中心就像是一个现实版的"007"系列电影中恶棍的老巢。这个技术中心是由明星设计机构福斯特伙伴公司（Foster and Partners）设计的，它是冷精密工程的精髓。其设计庞大空洞，稳定性却好得令人难以置信，噪音水平几乎不会超过一个低声耳语的分贝。设计中心没有豪华闪亮的外观，但是其保守的风格却让人过目难忘。

用《建筑师期刊》中的话来说："这就像是瑞士手表一样，不仅每条接缝对齐，而且所有材料之间接缝的宽度都一样。"作为该品牌的化身，迈凯伦技术中心的设计灵感来自于该公司真正的敌人，而这位敌人并不是法拉利：

大部分人会说我们最大的对手是法拉利。但是对我来说，我们的对手是一股更强大的力量——是我们自己甘于平庸的想法。

我们有很多传统意义上的对手：法拉利、其他一级方程式车队、阿斯顿·马丁、公路车、其他技术公司等。但是我们真正的敌人——也是我们最担心的事情——就是放松自我，以及通过平凡的业绩、错误、失误，或是做一些平庸的事使我们和我们的品牌下滑。我们对自甘平庸的想法非常敏感，而且一旦这样的事情发生，我们就会进行各种检查，从而将其消除。对我们来说，破坏性最大的并不是法拉利，而是自甘平庸的想法。

这种对自甘平庸的敏感性才是迈凯伦品牌及其成功背后的真正动力。这也解释了迈凯伦技术中心在设计时高度的谨慎和控制。而且这也是迈凯伦要求其员工具备的主要品质：

极度关注细节。思想的格局与表达。内在的进取心。永无止境地完善自我、所在的团队或组织。

可以明确的是，这些品质已经融入到了迈凯伦的企业文化中。而且不是每个人都能适应这种高强度的工作环境。通过对现有员工和前员工的访问发现，人们对这种环境要么爱、要么恨，而且很多人是爱恨交加。有人说"太棒了""让人兴奋""先进"，但是也有人说"有压力""咄咄逼人""噩梦"。无论是爱是恨，从我们的对话中可以看出来，迈凯伦的企业文化直接来自于其创建者的特点：

> 这种文化来自于布鲁斯·迈凯伦，他是个非常有眼光的人，但是，他也很刻板、极度活跃、积极性高而且极其坚决。最初，作为车队的拥有者、老板、首席设计师、车手和创始人，他每天早上都要亲自拖地，然后才让别人开始干活，而且每天晚上所有人都下班回家后，他还会再拖一遍地。1980年罗恩·丹尼斯加入之后，他也体现出了差不多相同的特点。他为布鲁斯的早期设想增加了一个全新的创新层面，而且提出了明天要超越今天的愿望。

这就必须有一种特定的思维和一种自我选择的团队活力。在还没有企业文化或品牌文化的时代中，有些人很欣赏这种文化，而有些人则相反。能适应的人会长期这样做下去，然后这种文化就自我延续下去了。无论是设计、建造、比赛、团队纪律、人员展示、团队装备、清洁、标准，还是环境和车库，任何事情被允许以非最佳方式发生的可能性都是零。这种文化是布鲁斯在1963年形成的，但是在整个20世纪80年代及以后得到了罗恩·丹尼斯的执行和发展。

迈凯伦并不是世界上唯一一家追求尽善尽美的公司——在英国富时100指数的公司中，有13家将"卓越性"列为其价值观。但是，在少数愿意接受追求目标所产生的积极和消极后果的公司中，迈凯伦可以说是鹤立鸡群。卓越性并不是迈凯伦公司谈论的话题，而是要努力追求的目标：

> 在我努力的时候，我一直将卓越性作为我的价值观。卓越性是一种成果。除此之外，我们的价值观还包括开放、谦虚、勇敢等。这些价值观会引导我们实现我们想要的结果，但是，我们先得想到，某种价值观所能实现的成果和状态是有点自大的，甚至可能是一种妄想。价值观能够引导我们获得好的结果。我们要接受这些价值观，并建立一种文化，来证明这些价值观，这样才能获得最大的机会，来实现你想要的成果。只说不做，永远实现不了。

撇开文化问题不谈，卓越性是在实践中实现的一个不确定的目标。首先，卓越性可以是一种极为昂贵的野心。

没有几家公司能像迈凯伦一样，向企业总部和出售的车辆投入如此多的资源，迈凯轮销售的汽车是除了精英阶层以外的所有人都买不起的。迈凯伦的两个主要业务领域包括一级方程式赛车和超级跑车，这两种车都是奢侈品中的极品。

但是，并不是每个客户都需要最好的产品，或愿意为最好的产品付钱。并不是每个员工都愿意牺牲每个晚上和周末的时间来工作。克莱顿·克里斯坦森的破坏创新理论依据的概念是，大部分企业的终结都是因为其生产的产品或服务对于"市场中的很多客户来说太复杂、太贵和太烦琐。

破坏性发明者的作用就是通过开发更简单、更便宜的替代性产品和服务来彻底消灭这些业务。卓越可能是一个令人向往的目标，但它并不总是能使企业具有竞争力。有时平常之处也会带来利润。这是迈凯伦在努力解决的一个问题：

　　我们面临的一个挑战就是让大家停止工作，因为在某个时候，这些东西就需要证明其自身了。一级方程式赛车终归要走上赛场，而超级跑车最终要被卖给客户。平庸对你最大的考验就在你想使利润最大化的时候。我们可以以商品为例子。你会遇到一些供应商，他们总是想方设法偷工减料或降低材料的规格，因为他们觉得自己能侥幸过关。这就是一个充满考验的灰色地带。因此，最重要的是，你得有足够坚定的员工，能够发现并阻止这些情况。

　　对于迈凯伦来说，在有抱负和自大之间有一条明确的界线，而且他们一直遵守这条界线。"甘于平庸的想法无处不在，即便技术如此之强的迈凯伦也无法将其根除。

　　约翰·阿勒特和他的同僚虽然有进取之心，但并非理想主义者。甘于平庸的想法是个值得重视的对手，因为这对迈凯伦的业务来说是个致命的威胁——一个永远不会降低的威胁。迈凯伦的目标并不是彻底消除甘于平庸的想法，而是要对其进行控制。谦虚在我们的决策中发挥着至关重要的作用：

　　在说到甘于平庸是我们的敌人时，我的意思是说，这是我们最害怕的敌人。并不是那种把他找出来消灭掉就行的敌人。这个敌人会让我们在夜里无法安眠，并会让我们对事业保持真诚。只要这个敌人在，我们就要意识到，自己永远无法做到尽善尽美。你能做的，就是让自己相信，你在不断地向完美前进，但是你永远实现不了。所以，这会让你具有一定的谦虚。即便你能创造出价值百万欧元的超级跑车，且所有人都认为这辆车是完美的，它也永远不可能达到完美。因为我们知道，在推出这辆车之前，如果我们还有再多一天、一周或一个月的时间，我们应该能做得更好。

这种实用主义证明了如何能让敌人成为一种激励的工具。迈凯伦对甘于平庸的敏感性不仅仅体现了其文化——这是该公司解决问题和设计流程的方法的核心：

比方说，如果我们搞砸了一个汽车加油站，我们会进行辩论分析，来弄明白这个加油站出了什么问题，看看到底是设备故障、人为失误还是流程问题。如果是设备故障，我们就要知道故障的种类和原因，以及我们可以采取的补救措施。这种辩论分析可以让我们了解是什么样的过程让人犯错，而不是仅仅责怪犯错的人。因为责怪起不到任何作用。如果把犯错的过程排除了之后，这个人还是不断地犯同样的错误，那就是另外一回事了，但是我们的文化不会让我们找出犯错的人，然后把他们踢出去。这不是我们的行事风格。

我们鼓励人们找到可能性的边缘或极限，而且如果你不偶尔踩过界的话，你永远找不到这样的边缘。我们不会劝诫车手不要超速撞车，因为他们所做的事情就是找到边界的边界。与那些有所保留的车手相比，我们更尊敬这样的车手。

这种解决问题的方法不仅仅能应用于一级方程式赛车和超级跑

车的生产中。2004年，该公司提出了"迈凯伦应用技术"，将其问题解决理念应用于解决许多其他行业面临的关键挑战，如医疗、运输、汽车和摩托车比赛。迈凯伦集团正在与葛兰素史克公司合作，改革医疗服务；而且与德勤会计师事务所合作，来打造数据驱动的业务产品：

边际增益的理念是由迈凯伦创立的。这些边际增益来自于我们对实践最佳成果的方法进行的辩论分析。这是我们处理事情的哲学，它源于我们在一级方程式赛车业务中的优化需要，然后是对超级跑车的开发，而现在，我们正在其他行业使用这一理念进行创新。

迈凯伦应用技术的成功完美地证明了选择正确对手的力量。如果迈凯伦只是一味地挑战法拉利，那么其重点只会是开发跑得更快的汽车。但是，迈凯伦选择了一个更有挑战性和普遍性的对手，使它获得了更加强大的动力来源，建立了一种解决问题的清晰理念，使它能够将其影响力扩展到赛道以外的地方。

迈凯伦的对手是无处不在的，而且让该公司扩展到了受甘于平庸想法困扰的生活的所有方面。

强劲的对手与竞争者或敌人不同。业务中的竞争是造成注意力分散的一个重大原因，因为这种竞争会让组织向两边看，而不是向前看。

在迈凯伦的未来，法拉利远算不上最大的威胁——气候变化、技术创新、人口增长和收入差距对于该公司的未来将产生更大的影响。"甘于平庸"这个对手让迈凯伦保持着对业务的忠诚，并关注最重要的事情。这让公司既能遵循创始人的思路，又能为未来的创新绘制蓝图。小心地选择你强劲的对手。这并不是你最想击败的敌人，而是一种隐藏的风险，时时刻刻威胁着你的事业。

本章结语

　　强劲的对手并不是你最想打败的人，而是一种隐藏的危险，时时刻刻威胁着你的事业。

PART 02

与戴维·班森（David Benson）的对话

谷歌思维领导与规模活动主管

什么
能让你的品牌在凌晨
四点起来

偏执能成为好事吗？偏执无法让你成为最佳男友或最佳女友，但是有些人认为，偏执是一流公司领导的特质。安迪·格鲁夫曾经是偏执最大的法人支持者。在1996年，他写了一本书，名为《只有偏执狂才能活下来：如何利用给所有公司和职业生涯带来挑战的危机点》。第二年，他被评选为《时代周刊》年度人物——可能是因为他的这本书所取得的成功，也可能因为他是英特尔公司的首席执行官和董事长。他是英特尔公司的首位员工，并且见证了英特尔从一家生产存储芯片的小公司到世界第七大公司的转变，现在其公司价值近2000亿美元。这本书得到了喜欢皮特·杜鲁克和史蒂夫·乔布斯的人的褒奖，并且得到了《福布斯》和《哈佛商业评论》的推荐。

　　在这本书中，格鲁夫为偏执举出了一个明确且有说服力的例子：他为企业自满开出的药方是恐惧。对周围世界的变化或即将发生的变化的焦虑，会让你提高警惕，提高人们对环境发生根本性变化的预期："商业成功本身就埋下了毁灭的种子。成功孕育自满。自满孕育失败。只有偏执狂才能生存下来。"

　　但恐惧在企业决策中的作用是有限的。

　　除了偏执之外，格鲁夫还特别支持"具有建设性的对抗"。也就是说，下属应该勇于向公司领导传达坏消息和对公司领导做出的重大决定提出反对意见。这种内在形式的恐惧——似乎是对限制职业生涯的行动的恐惧——是"坏的恐惧"。好的恐惧是外部的——客户动机的范式转变、竞争环境、规则、供应商动态、技术和经济。这些力量足以杀死还沉醉在过去辉煌的任何组织。恐惧是一种强大的和令人清醒的激励因素。如果能让你的品牌在凌晨四点清醒过来的是对外部威胁的恐惧,那么格鲁夫就会说,少睡几个小时对于一个健康的偏执狂来说算不上什么。

如果你对外部威胁的评估是错的该怎么办?

众所周知,我们都不善于对改变进行评判。在安迪·格鲁夫写书的同一年,比尔·盖茨说道,"我们总是高估两年之后会发生的改变,而低估十年之后会发生的改变。不要让你自己安于现状"。在判断竞争对手的时候,我们似乎尤其容易犯错。一项学术研究证明,我们倾向于高估竞争对手的营销预算和攻击水平,从而对这些预计的竞争威胁反应过度,譬如采取过度的降价和过高的营销预算。如果我们的决定是根据对预测的竞争威胁进行的偏执评估,那么这些决定就有可能充满了错误和误解。这就是价格战出现的原因。

2011年,有人写了一篇学术论文,其中谈到了愤怒和恐惧对决策的影响。这篇文章认为,在做出与工作有关的决策时,人们感到的恐惧强度会产生重要影响。文章作者发现,高度的恐惧会产生低效的直觉型决策。所以,如果你在凌晨四点从恐惧中惊醒,那么在自己平静下来之前,最好不要采取任何行动。因为当你害怕的时候,做出正确的决定是一件极其困难的事情。除此之外,文章作者还发现,高度恐惧会让人们将个人利益放在任务利益之前,也就是说,你越害怕,你的行为就越自私。

毋庸置疑,恐惧的存在能帮我们避免生命受到威胁。比如在一个有组织的背景中的问题,当把经理和员工放到一个高度恐惧的环境中时,他们必定将个人的安危置于组织的存活之前。这对于安迪·格鲁夫的粉丝们来说是个坏消息："坏的恐惧"总会战胜"好的恐惧"，尤其是在将恐惧视为企业文化一部分的组织中。还值得一提的是从这篇文章中发现的另外一种情况——适当的恐惧只会产生适当有效的合理决策。似乎建立一种适当偏执的企业文化不会帮助我们的同事做出更好的决策。

这项研究表明，偏执存在于一定的范围内。在这个范围的一头，我们会被恐惧侵蚀、感到四面楚歌、误解别人的动机并且会被迫行动起来拯救我们自己。在这个范围的另一头，则是安迪·格鲁夫所说的明智的警觉。这里的技巧是要了解如何提升企业文化中的警觉性而又不向偏执敞开大门。

谷歌：如何学会停止担心并热爱炸弹

戴维·班森的工作是保证组织能够严肃地思考未来，或让组织偏执地对待在数字时代生存下来的机会。他是谷歌的先进品牌加速团队的思考领袖及规模计划的主管，负责帮助客户使用智能技术来预测和塑造未来。当被问及应该如何让客户在凌晨4点保持清醒时，他的回答迅速而坚定："我的行动够快了吗？"

戴维·班森　我觉得人们的行为中有很多要素正在变化，而且人们现在改变的速度要快于组织和品牌。这是头脑爆炸。当我离开大学的时候，应该开始找工作，并在头五年里学些东西，并运用这些知识在未来的二十年里创造自己的职业生涯，然后，希望能够变成专家。现在发生的情况则是，即便是在三年前学到的东西，可能现在也无法使用了。这是你需要担心的新东西。变化的速度超过了组织发展和学习的速度。所以，"我行动得够不够快"是一个让品牌保持清醒的问题。当然，也会让我保持清醒。

快速行动听起来很诱人，但是也非常鲁莽。有人认为，脸谱网的"快速行动、打破常规"的风气就是其诸多问题的根源所在，从2018年爆发的剑桥分析公司丑闻到虚假新闻的传播——更别提脸谱网某副总裁泄露的2016年备忘录了。这些故事会让人觉得，"快速行动"的想法应该配上"停下来用足够的时间来考虑你在做什么"的健康思路。但是班森有一种更具有野心的回答：除了"我行动得够不够快"这个问题之外，公司还应该问问自己："我们学得够不够快？"

数据是让你能够快速行动的法宝。如果你的行动很快，但是方向错了，那么你只会输得更快，不是吗？如果你无法获得数据、组织数据以及了解发生的情况，那么你的任何动作都只是在森林里漫步。

让我们惊讶的不是听到谷歌有人谈论数据驱动的决策的重要性，而是听到各公司错误地使用或理解他们所掌握的数据的案例和频率。我们经常能够听到的例子就是某技术客户开发出了一系列高级电视，并将其目标定位为老观众，因为他们的数据表明，这些老观众是最有可能肯为他们的电视掏钱的人。从直觉上看，这种解释非常合理，因为一般情况下，收入会随着年龄的增长而增长。但是，如果对数据进行深入的研究就会发现，虽然老用户更有可能买高级电视，但是从绝对数量上来看，更多的高级电视是年轻的消费者买的——年轻消费者虽然不如老用户富有，但是他们会更频繁地买更多的电视。同样的数据能够得出两种结论，但是只有一个结论能够得出正确的创新和营销策略。

即使是"老练"的数据分析师也会犯错误。拜伦·夏普曾经被数据驱动营销的粉丝们称为"自凯丽·米诺以来，来自澳大利亚的最好的礼物"。他是EhrenbergBass营销科学研究院的院长，该研究院的目标是成为"基于证据的营销"之家。在他的著作《品牌如何发展》中使用了各种数据（主要来自于FMCG市场），来证明品牌发展的七大准则。

其中一些准则都是老生常谈了（"要注意""保证品牌能够方便地买到""保护竞争力"），但是其疯狂的流行度至少能从其偏执的首席执行官和营销总监那里找到部分答案，因为这些人担心的是他们能否从数据中学到足够多的东西。在使用有限种类的数据来创建通用的营销准则方面，班森的信心不如夏普：

这是关于类别范围的。我觉得其中仍有值得推敲的东西。如果你是火星人，而且每个人在某个时间点都会吃巧克力，那么你就想让除了糖尿病人以外所有的人都吃巧克力。但是这座建筑物中70%的人的位置都不是固定的，而且都住在城市里，所以，你怎样向他们定位你的汽车和品牌？你的最终目的是什么？谁的工作会形成这种观点？

如果你看看谷歌的趋势，就会发现，在过去的十年里，人们学开车的兴趣一直在下降。现在的水平还不到十年前的一半。如果你再看看汽车广告，你会发现，他们仍然认为你想要拥有一辆汽车，而且很享受驾车的感觉。但是，我们现在越来越确定，我们将来使用的都是电动无人驾驶汽车。我觉得，人们要么会共享汽车，要么会住在偏远的森林地区，并会说"真好，我可以买辆车，能用每小时80迈的速度开车去上班，而且我还能在路上看书。"

快速学习不仅仅是遵守市场准则或类别规定，尤其是当这些准则和规定是根据别人借来的数据制定的时候。对于数据驱动的决策，没有捷径可走。如果不能深入了解你的受众的动机、态度和喜好，那你就抓不住机会。这里的问题是，不能快速学习并不能阻止公司快速行动：无论是卖电视、电话还是厕纸，创新都是今天所必须的东西。这就是为什么今天的厕纸上会印数独游戏、电视机是曲面的以及十年的智能手机创新已经达到了高潮：

现在，各手机公司都在推出折叠屏手机。因为他们觉得消费者——或某些人——想要折叠屏手机。这里有个很明确的问题："下一个会让人想买的智能手机创新或特点是什么？"我们在3D电视上看到了这种情况："购买循环正在减慢。我们需要给人们另外一个买新电视的理由。"我们认为，人们买电视是为了电视的新功能或是能够给人们带来的不同体验。实际上，我们只是需要好的画质和音响，对吧？这肯定是整个电视机市场关注的重点。三星的曲面屏也遇到了相同的情况，这也从另外一个角度说明了"嘿，咱们来做一些别人想不到的事情"的这种想法。所有这一切都是在询问错误的问题，和做一些让人们对产品感到不高兴的事情，实际上就是让黑色变得有点灰，或者说在某些条件下无法良好运行，或我想要花更少的钱来买更大的屏幕。如果这些是你所在市场的真实情况，你还需要对其进行确认。

手机折叠屏的问题表明，企业在如何增长的问题上向自己提出了错误的问题，而且他们一次只问自己一个问题。策略总是以成果作为其关注点。但是，你得到该成果的过程实际上存在一种争论。有人认为，良好的策略的开头是提出正确的问题。例如，克莱顿·克里斯坦森提出了"需要完成的工作"（JTBD）的想法，让营销人员将注意力放在他们正在解决的客户问题上。提出JTBD是为了应对营销人员尝试过度了解其客户的说法，其目的是将关注度放到最重要的事情上。而班森的想法则正好相反，你提出的问题越多，你的学习能力就越强，所以为什么每次只问自己一个问题呢？

我认为学习提出正确的问题是非常重要的，而且机器比我们更善于提出正确的问题。机器不会受感情或意见的左右。如果你有一个足够大的数据组，而且能够将其与某种可以成为目标的成果正确地关联起来，那么就可以说，"我们发现了20件事情，这些事情都与提高销量有关"。这种方法是非常强大的。比方说，如果你有一家航空公司，而且正在尝试以最高的价格卖掉所有的机票，那你知道除了忠诚计划之外，怎样才能带来愿意花高价钱购票的人吗？你是否真的知道在一天的不同时间里，人们是从哪扇门进来的？变化的数量是会激增的。从这方面来看，事情是难以处理的。我并不是在说，所有公司都会遇到这种情况，但是对我来说，这只是另外一份情报。你为什么不想在你的传统方法中加上这些东西呢？

说到这里，我们想起了几年前的一件事，当时我们的一个客户与IBM的沃特森人工智能平台进行了合作，来了解他应该改进业务的哪些方面才能增加收入和实现发展。这家公司的所有数据都被输入到了平台中——调查数据、客户数据和财务数据等，而且沃特森也提出了一组需要关注的高影响力领域。虽然很多建议对我们来说都是非常合理的，但是这家公司都没有采用这些建议。该公司不太信任沃特森，他们没有对任何建议进行进一步的研究或采纳。人们对人工智能的这种反应对于班森来说并不陌生：

你可能会遇到仍然具有二元思维的公司："我们要么做这个，要么做那个。"而有幽默感的公司会说："沃特森提出了20件事，但是我们只能够检测5件。我们80%的核心业务仍要保持原样，而且我们要想办法对这5件事情进行检测。"实际上，行动快速并不意味着能在一个方向上跑得快，而是意味着能够了解情况。不仅仅了解我的客户，还要了解接近客户的不同方法以及进入市场的不同方法。我会了解客户因为不同原因使用或不使用我们的产品。这意味着我要学会用不同的方法来扩大和使用我的资产。

这里的重点是，机器的学习让我们有机会用完全不同的思维方式来补充人类的思维方式，而且将这两种方法结合起来之后，能够获得更有趣的思维和更强的学习能力。而且，我们学得越多，我们的动作就越快、越自信。在班森看来，能够快速学习和行动的公司具有三个特点。

第一，这样的公司都有一个能够让其学习的平台。如果你不能采集、存储和转化数据，那么学习的过程就会很缓慢。这就是班森所说的"探究"。

第二，这样的公司能够开发出相应的流程和实际的空间，来为试验提供安全的环境。毕竟学习能力如果不能以采集的数据为基础，那么就没什么意义：

"我学得够不够快？"这个问题能说明我拥有的公司能够依据这种学习来行动，而这并不总是真的。你必须将学习和行动联系起来。适当的学习总能以某种方式得到数据的巩固。如果你不仅能够筛选数据，还能依据数据来行动，那么就能超过你的对手。你需要建立一个组织，来鼓励和加强学习，并实际开辟出一个进行学习的场所。

第三，这样的公司能够建立一种没有恐惧的文化——无论是好的还是坏的恐惧。偏执是缺乏信息或没有洞察力的产物，而且在数据丰富、反馈驱动的工作环境中根本没有立锥之地。

　　你还需要一种精神上的场所，当我参加会议的时候，我会说：
"嘿，沃特森给我们提出了这20件事，他们疯了吗？"那么得到的回
应肯定是："对，他们疯了，我们拿他们怎么办？"而并不是"你为什
么跟我提出这些事情？"这其实就是允许负责任地失败，而且还意味
着你会质疑我做的任何事情。你不会质疑我的明智，或是说："你能不
能给我其他的信息？"在某个点上，你不得不去做，"伙计，你真的很
聪明。你得到了你想要的。你完成了你正在做的。现在，你得到了许
可来尝试一些事情。如果你继续失败，那么我当然要问一些问题。如
果你失败了3次而赢了1次，那我肯定会关注你赢的那1次，不会因为你
的失败而打击你"。这对我来说，就是心理安全的含义。人们都知道
我会庆祝自己的成功，而且得到了可以继续工作而不被质疑的许可。
我认为，这就是与实际的场所相关的精神场所。

　　偏执对于一个公司的实际威胁在于，它能够蚕食掉对于学习和快
速行动来说必要的心理安全感。在最极限的情况下，恐惧会让公司瘫
痪；在中等的情况下，仍然能让公司受创。在另一方面，玩乐则是我
们自身最强大的创造性本能之一。是一种至关重要的工具，而且在大
部分公司中，都是一种没有被充分利用的资源。卡尔·荣格写道："新
东西的创造不是通过智慧完成的，而是通过玩乐的本能来完成的。"
这就是班森的身体和精神沙箱如此重要的原因，以及这为什么是防止
偏执和恐惧的重要力量：对于公司的发展来说，玩比偏执更有力量。

本章结语

玩乐比偏执更强大。

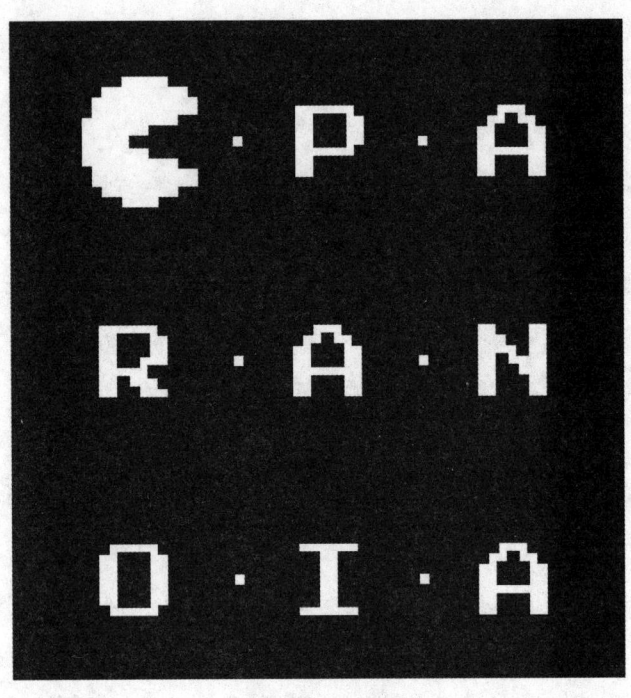

PART 03

与简·洛希尔（Jane Rosier）的对话

V&A博物馆营销主管

让人们

买你的东西还是做

他们需要的东西

"好言相劝"的崛起

公共商品和有利商品的对立面是有害商品——其消耗会对社会产生不利影响。有一些东西是我们愿意为它掏钱的（通常数量巨大），但是随着时间的推移，会对我们产生不利的影响，如酒、垃圾食品及一些会让人上瘾的不良消费行为。这些是会让标题中的问题产生争议的方面，人们经常会指责相关公司制造了人们想要但是不需要的产品。如果各公司只做人们想要且愿意购买的东西，那么社会就会因为有害商品的过量以及有利商品的缺乏而消亡，那么谁来选择呢？谁来决定公共利益和私人自由的界限在哪里？

2008年，行为经济学家理查德·泰勒和卡斯·桑德斯坦提出了一种"好言相劝"的概念。这一概念就是为了解决上述困境而提出的，从根本上讲，就是潜移默化地引导人们自愿做出"好的"选择。在本节的标题中，"好言相劝"包括让人们希望获得你希望他们想要的东西。这一概念的更正式的名称为"选择构架"：对选择进行安排，将人们吸引到好的选择上来。好言相劝的例子包括将更健康的食物摆在自助餐厅和超市货架更显眼的位置上；介绍可以让人们选择不参加而不是参加的器官捐献计划；在公共厕所的小便池上画上裤子的开口，让人们别尿在地上。泰勒和桑德斯坦认为他们自己是自由家长主义者——人们总是可以自由选择他们想要的东西，但是，在展示这些选项的时候，要让他们能更主动地做出社会所需要的选择。

因此，各公司机构接受了"好言相劝"这种概念，从而影响客户和员工。我们现在在任何地方都能看到好言相劝的例子：每次点击网站的时候，都能看到"最受欢迎"的选项，或说明"相似用户也会购买"的东西；或是将某件商品的价格与贵得多的类似商品进行比较（即"数值锚定值"）。作为员工，我们一直都处在一种好言相劝的状态中。英国维珍大西洋航空公司会以好言相劝的方式鼓励其飞行员少用燃料；GM会让其女性员工自动进入GM 女性计划——一个职业辅导计划和社交网络；新南威尔士总理和内阁部门会对错峰上下班的团队进行奖励，以此来鼓励弹性工作制。"好言相劝"已经成为现代生活中的一个流行方面，影响着我们的吃穿住用行，甚至是尿尿。很难不将好言相劝的流行归因于成功的品牌推广。"好言相劝"听起来非常柔和和友好。"选择构架"则听起来很聪明且具有建设性。但是更实在的名称，如"大众潜意识行为操控"可能就不那么受欢迎了。

当滥用好言相劝时

不是所有好言相劝都是友好的。2017年4月，《纽约时代周刊》上发表了诺姆·斯内卜的一篇文章，讲述了优步如何使用好言相劝的理论来引导驾驶员加班和更加卖力地工作。他们的"黑化"好言相劝包括男性管理者使用女性的头像来与驾驶员进行交流，从而增加驾驶员的接单率，以及先弹出屏幕告诉驾驶员他们只差几美元就能实现目标，然后才让他们确认是否选择继续驾驶。使用黑化好言相劝的并不只有优步，在2018年的温德拉什丑闻中爆出，英国内政部煽动采用一种"敌对环境"政策来非正式地阻止移民。英国的赛马机构经常会推出复杂的赌赛，来获取更高的利润。

这里的一个简单事实就是，好言相劝的本质中并没有道德上良好的东西——这只不过是一种利用潜意识的方法，既可以用来做"好"事，也能用来做"坏"事。而且"自由家长主义者"是一个矛盾的概念，就像诺贝尔奖获得者——经济学家肯尼斯·阿罗在其1951年出版的《社会选择与个人价值》一书中所写的那样。我们要么选择成为自由主义者，要么选择成为家长主义者，但是不能让二者并驾齐驱，因为在某个点上，它们之间会发生矛盾。也就是说，本章的标题实际上是一个严格的二选一问题。你要么让人们想要你的东西，要么做人们想要的东西。你会发现，在大部分时间里，你能同时完成这两个目标，但是在某个时点上，你只能选择一个：塑造需要或是回应需要。

V&A：不需要任何好言相劝

　　这对于一家博物馆来说，是一个非常难的问题。V&A是世界上最大的艺术设计博物馆，其藏品横跨人类的5000年创造史。其愿景就是"成为世界领军的艺术、设计和表演博物馆，将设计世界的研究、知识和乐趣带给尽可能多的观众，从而丰富人们的生活"。结果，该博物馆进入了一种两难的境地：一方面，该博物馆有责任引导（或劝说）尽量多的观众关注艺术和设计；另一方面，它影响尽可能广泛的观众的目标取决于它用大多数人关注的术语进行沟通的能力。这种同时追随和领导的技巧，在一定程度上要归功于V&A博物馆的营销主管简·洛希尔。她将其面临的难题描述为：

　　简·洛希尔　如果我们不管潜在观众想要的东西，那么我们（或任何博物馆）都不能或无法生存下去，因为我们将变得过时和不相干。同样，还有一些人希望我们能够围绕着我们的藏品做文章。如果我们不这么做，那么我们就无法发挥作用，因此也无法生存下去。我们不得不在这二者之间找到一个平衡点，既能慷慨地提供我们的知识，又能开放我们的观点，但是我们也希望观众能够谈谈他们的观点。观众应该怎么给我们讲述的故事增加内容？

　　洛希尔首先要做的，就是保证人们在一开始就做好了参观博物馆的准备。在2001年12月，整个英国的博物馆和画廊均免费向公众开放，这是政府计划的一部分，其目的就是增加对本国文化和遗产的访问人次。V&A的观众数量非常可观——每年大约350万人次，但是，对一个拥有800万居民且每年能吸引大约2000万国际游客的城市来说，还有很大的上升空间：

几年之前，我们做了一些研究，并访问了除游客以外的人，我们发现，他们很多人都不知道V&A是什么，或者我们馆里有什么。在伴随访问的时候，使游客最为惊喜的是宏伟的建筑物，多样的建筑风格，明亮、通风、舒适和惬意的空间等。这些让我们明白了，我们应当尝试着多介绍一些体验，以及在这里的感觉。我们开展了一项活动，来展示馆内的空间，包括花园、宏伟的入口和中世纪及文艺复兴时期的画廊等。我们向在这些空间里的人展示在建筑物中到底是一种什么感觉。这项活动对我们来说取得了空前的成功，每年增加了10万游客。

对于洛希尔来说，如果游客能够感到自己受欢迎、非常喜欢他们的游览，并愿意再来一次的话，那么每个来到V&A的人都是同样有价值的。一旦他们跨进博物馆的门槛，那么V&A丰富的藏品以及多样的展览就有可能让他们找到其喜爱的东西，无论是不是有意的：

我觉得任何人都能在博物馆或画廊里享受到任何级别的访问。如果你来这里有明确的目的，知道自己想看什么，这绝对没问题。同样，如果你来的时候想的是"我真不知道我想看什么。我就是喜欢到处看看"，你可能会无意间进入一个铁器长廊，并且会想：哇，这真不错，我挺喜欢的，我不知道自己对这个还有兴趣，但是，的确有意思。在这一方面，你可以说，没有强迫感。我们不会有意识地说："请到这边来，来看看这些铁器，因为我们觉得这对您非常重要。"鉴于我们藏品的广泛性以及我们长廊的组织方式，虽然你是带着目的来的，但极有可能会有意外之喜。

可以明确的是，只有当你进入这样巨大和多样化的空间并看到如此多样的展品之后，才能描述你自己的体验。V&A的规划者和管理者可能会尝试着让来访者以某种特定的方式体验博物馆，但是谁也保证不了他们的劝说工作能够奏效。这种情况并没有让洛希尔和她的同事感到气馁，反而被他们接受了。良好的博物馆体验不应该是雷同的或是能够预测的，而应该是私人的和有异议的。而且留出解读的空间绝对是至关重要的：

对于某次特定的展览或一组藏品，我们可能会有一些相关背景或故事的描述，但是我们必须给参观者留出一定的空间让他们加入自己的描述或理解。的确有一些故事是我们的同事想要讲述的，因为他们觉得这些故事比较重要——比如说某个设计、物品、运动或材料的历史。我们的目标是以一种参与的方式来讲故事，从而让人们觉得："哇，我还从来没听过呢！"或者说："我以前只知道一点，今天可真是涨知识了。"但是，我们也会希望观众能够在故事里加入自己的体验和观点。这在我们的世界里是一种奢求，因为我们无法同时做到这两点。我们可以讲述我们想要讲述的故事，但是仍然要给观众留出空间来对故事的内容进行补充。

很多公司对于让人们进行开放体验的想法都不怎么看好。设计用户体验和促使人们接受特定类型的行为的重点就是尽量多地进行控制，并为随机性和变化性留出空间。保险公司、零售机构和酒店等，都在努力提供一致的高质量体验。而在V&A博物馆的案例中，不可预测的情形成为了体验的重头戏，得到了洛希尔和游客一致的喜爱：

2007年，我们举办了一次胶合板的展览。从表面上看，你可能觉得这个主题没什么了不起的，但实际上这个主题绝对棒。我们迎来了20万人次的参观，因为我们的讲解员讲述了一个我们大多数人从来没有听过的胶合板的故事。你知不知道第二次世界大战期间飞得最快的飞机是用胶合板制作的？人们突然觉得这种在储藏室里随时都能见到的不起眼材料变得生动了起来。再多的胶合板对人们来说都不够。

V&A本来无法预测关于胶合板的展览能多么受欢迎。因为我们现在都生活在一个数字空间中，这个空间里充满了各种算法，将我们引导到符合我们过去行为方式的产品、服务和体验中，这种让人感到惊喜的能力好像非常短缺。在现实的空间里，只能出现这么多的过滤，尤其是像V&A这样大的空间。亚历山大·麦昆在学生时代曾参观V&A，而且还表示能被锁在那里整整一夜是多么美妙的感觉。他作品的灵感来自于V&A的全部藏品。惊喜和意外是V&A体验的核心方面：

在我们的世界里，惊喜、兴奋和意外发现能够给我们带来最有趣的和意想不到的事物。谁能想到胶合板的展览能取得如此大的成功？但事实就是这样。因为这里面有惊喜。鼓励人们从平凡中发现不平凡，难道不是一件很有意思的事情吗？

当然，V&A的作用是让人们想要一些东西。他们想让我们以我们不常用的方式来关注设计和创造力。实际上，大部分营销人员和公司负责人的作用就是让尽可能多的受众想要他们的产品或服务。这其中必定会涉及一点聆听和一点引导。好言相劝的隐藏性，包括让政府和私营机构一点点地侵蚀个人的想法，从而得到可以预测的结果。但是，V&A的例子中，让人感到不可思议的就是结果的不可预知以及意外发现的程度，正是这些东西让品牌和人们的体验变得如此引人瞩目、如此有个性和有意义。无论你的公司是让人想要你的东西还是做人们想要的东西，让人感到惊讶的能力——以他们从未想象过或预测到的方式让他们感到高兴——才是实现宝贵体验的真正标准。

本章结语

惊喜可以让你的品牌超凡。

与凯特·塔里（Kate Tarry）的对话

南安普顿足球俱乐部品牌营销主管

在伟大的文化
和聪明的策略之间
如何选择

2018年，猎头公司海德思哲国际咨询公司对11000名公司管理层人员进行了一次调查，让他们在一个图谱中对自己进行定位，这个图谱的一头是"策略是竞争优势的主要来源"，而另一头则是"企业文化是竞争优势的主要来源"。不出所料，大部分人的回答都在中间部分——认为策略和文化的结合才是成功的前提条件。但是，更值得注意的是高级管理人员倾向于文化，而低级管理人员则倾向于策略。研究人员认为，出现这种情况的原因是高层领导更有能力来塑造企业文化，因此与中层经理相比，他们更倾向于认为文化才是管理的工具，而中层经理则负责具体的策略规划过程和对员工进行更直接的控制。

我们怀疑真实的情况恰恰与此相反。

虽然策略能够从由下到上的实际工作中形成，或是从公司的高层传达下来，但是文化不一定需要由管理层传递下来。如果没有强有力的领导，那么文化必将从基层开始萌芽。你在公司里的位置越高，你就会发现管理层与公司文化现实之间的差距越大。对海德思哲国际咨询公司调查的回应说明，首席执行官及其高级管理层的同事们非常注意文化偏离这种潜在风险。有些人甚至会慎重地缩小与基层员工之间的距离。

作为一种过程的文化

某些管理者选择主动敞开大门。齐普·伯格在2011年接任李维斯首席执行官的时候，广泛听取了公司内部的意见，与公司60名高层管理人员分别进行了一小时的谈话，来了解公司的文化，讨论哪些方面需要改变，哪些东西需要保留。他发现，极少有人能说明白他们手头的项目与公司的首要策略有什么关系。另外，他还与员工进行了一系列的会面，他发现，3/4的员工能注意到公司的业绩不良（2011年的销售量降低到了46亿美元，还不到1997年业绩顶峰时的一半）。企业文化中紧迫感的缺失明显会让本来就惨淡的业绩雪上加霜。他的经验告诉我们，员工能够轻易地脱离公司的策略，但是他们对工作的态度必定是在公司的文化中形成的。

伯格的解决方案是替换9份报告，并发布一条策略，将李维斯转变成了一个不断发展且有利可图的多渠道零售商。他自己也承认，在这一转变过程中，文化的改变是最具挑战性的部分："改变文化是非常困难的。当一个公司的经营连续十年走下坡路的时候，它的文化肯定出问题了。我花了很多时间与我的管理团队和公司在全世界各地的高级领导人塑造能够建立高业绩文化的行为和期望。所有这一切的一开始，就是要找到正确的人，并让他们来解决最大的挑战。我们变得更加关注客户和消费者、关注胜利、关注团队合作以及业绩说明一切的概念——但是，即便我们重新实现了发展，我们的文化也是很难改变的。"策略是产物，而文化是过程。

深入基层

对于摩根大通私人银行的行长杰米·戴蒙来说，文化的形成过程是无止尽的。他每年都会组织一次"倾听巴士"之旅，深入到公司的基层单位——省级分支机构、呼叫中心和运营中心，来了解公司的情况。其中包括一系列的大堂会议，并会邀请一线员工登上巴士喝杯啤酒，并聊聊他们对公司的看法以及公司的关系——当然会得到首席执行官本人的免责担保。这一活动虽然非常耗时，但是功效卓著。一线员工提出的改进建议被用来指导创新。除此之外，这一活动还具有巨大的象征意义：如果公司的首席执行官都愿意花时间来倾听客户和员工的声音，那么基层领导人有什么理由不跟风呢？通过这种方法，杰米·戴蒙深入了解了设定决策所需的文化氛围。深入基层能保证可在准确了解公司各阶层文化和实践的基础上来制定策略。

了解客户的动机

在管理领域，人们常说"文化拿策略当早餐"。但情况并不是这样，它们二者应是相辅相成的。用早餐来打个比方，可以说策略确定了菜单的内容。应该上什么菜？为什么上这种菜？上的菜是要健康的还是要丰盛的？设计菜单就如同设计策略一样，需要深入了解客户和客户的动机。而在另一方面，文化则决定了提供早餐菜单的条件。前台员工和后厨的交流有没有效率？他们是不是把上菜的速度摆在了对客人的友好之前？是鼓励员工遵守严格的行为准则，还是要他们尽量展现个性？如果策略是关于内容的，那么文化就是关于风格的，而且风格跟内容同样重要。风格会让我们对一个企业的体验产生重大影响——包括作为员工和作为客户。文化不会把策略当作早餐，而是会为早餐提供策略。

摩根大通私人银行和李维斯的例子证明了虽然策略可以从一个企业的上层传达下去，但是文化肯定是通过企业的领导层与员工和客户的对话产生的，而员工和客户则创造了企业的价值。一个伟大文化的关键是要学习如何以最积极有效的方式参与到这种对话中来。

南安普顿足球队：作为文化参与形式的策略开发

　　在足球界，人们常说，赢球的时候唱歌很轻松。最近几年，南安普顿足球俱乐部的球迷可以说是有许多歌可以唱。他们的球队在英超联赛中的参赛时长排到了第9名，而英超联赛则是世界上最著名、强度最大且竞争极其激烈的联赛之一。自2013年以来，该球队的平均联赛排名为第9位，两次进入联赛杯决赛，并有四名球员进入了2018年俄罗斯世界杯决赛圈。该球队是公认的培养青年球员的典范球队，而且四次夺得欧洲冠军联赛冠军的球员加雷斯·贝尔就是从这里开始他的职业生涯的。真是让人印象深刻。

　　但是，球队在2017/2018赛季遇到了空前的困难。赛季结束时，球队排名第17，距离降级只差一步——输16场、平15场、赢7场。我们很难说降级会给俱乐部带来多么具有毁灭性的打击。当南安普顿队与同样面临降级的斯温西队争夺倒数第2名的时候，足球新闻界预计如果南安普顿队输了这场比赛，它将面临1亿美元的损失。南安普顿队最终以一球的微弱优势淘汰了斯温西队，保住了其在英超的位置。

　　我想说的重点并不是该俱乐部历史上的这个痛苦时刻，我要说的是，如果不能从球队的文化里学到点东西，那么就不可能处理这种严峻的情况。很多企业都喜欢说自己的文化有多么了不起，但是几乎没有企业会进行一次严格的测试。我们与南安普顿足球俱乐部的品牌营销主管凯特·塔里进行了会面，聊了聊该俱乐部最近的历史对其文化和策略的形成产生了什么样的影响。

凯特·塔里　我们的员工的确很在乎俱乐部的成功，就像我们的狂热球迷一样。当我们没有达到应该达到的目标时，球迷都会发声。这对我们的一线员工来说是很难熬的：包括售票员、零售员、公关人员和社交媒体人员都能够真切地感受到球迷的那种失望。而且，当一周又一周的时间过去的时候，我们必须维持一种强大的文化，来保证每个人都能获得激励，并继续前进。我对人们处理这种情况的方式印象深刻。聘用对的人是关键，而且支持我们文化的价值观是招聘过程中的一个关键方面。我们围绕着五个核心价值观提出了特定的招聘问题，这五个价值观是尊重、团结、责任、抱负和创造性，从而确保俱乐部聘用的每一个人都能朝着一个方向努力。

俱乐部如果想要快速摆脱这种困境，也是能够理解的——赶快结束这个难熬的赛季，继续像以前一样前进。但是，这不是南安普顿足球俱乐部的风格。我们的目标是"将潜力变成优越性"，而且我们的DNA也不允许我们放弃任何能够学习和改进的机会。虽然这一目标已经深深地嵌入俱乐部中，但是用来支持这一目标的愿景不仅宏大，而且过于复杂，还经常被误解。作为回应，俱乐部的高层公开地向员工承认，其愿景需要调整，而且所有人都要参与到提出新愿景的过程中。俱乐部的380名工作人员被分成了3组来召开3次策略会议，所有人员都能得到俱乐部主席的支持——还召开了1次后续会议，来让没参加前3次会议的人参加。这些会议涵盖了俱乐部策略的所有重大方面——从其目标和愿景到价值观、行动和工作人员的个人激励。俱乐部鼓励员工相互辩论并提出不同的意见，而且要对现有的策略提出诚实的反馈。

这些研讨会让我们很好地了解了我们的员工希望俱乐部有什么样的愿景——他们很多人都是俱乐部的超级粉丝。在确定了愿景之后，为每项业务（足球、商务、共享服务）都制定了策略，让我们能够实现确定的愿景。然后制定了部门策略，而且还为每个员工提出了业务目标，所有这一切加在一起，让我们实现了俱乐部的愿景。

一家企业满怀信心地让员工参与到策略设定中的情况是很少见的。将一个足球俱乐部的球队方面和商业方面结合起来是既困难又重要的。每个人的生计都要依靠11位球员在90分钟里的表现。商业团队确保球队在绿茵场上不断取得胜利是至关重要的，在这个第一团队取得好成绩之前，球衣的销售、球票的销售以及社交媒体的互动都会面临困境。一线球队承担着巨大的责任，但同时也享受着巨大的特权。而且，在南安普顿足球俱乐部中，第一团队的成员在建立俱乐部文化和策略方面与其他人拥有相同的话语权。

在员工研讨会上，有人问我们有没有把这则消息告诉球员。答案是明确的，因为球员和其他工作人员都要与董事会进行完全相同的会议。球场上发生的一切对我们的职业生涯可能具有最大的影响，而且我们需要依靠球员来引领"南安普顿晋级之路"的执行。

让俱乐部的球队和商业部门都参与到策略的制定过程中也会产生

一种文化组带——可以保证每个人都能具有相同的看法，并且能够从相同的意义上定义成功。虽然有个别团队负责在俱乐部的这两个方面之间将受邀的策略分解成小目标，但是俱乐部的成功仍然需要能够塑造共同愿景的文化组带。这对任何参与人才培养的机构来说都是一个非常重要的特征，这一点对南安普顿足球俱乐部来说尤其重要，因为他们的学院负责从学龄开始培养年轻球员。不但俱乐部的策略要适应其长期发展的需要，而且其文化必须向孩子和成年人灌输在这项精英运动的残酷世界中所需要的坚韧不拔的性格。

俱乐部的球队也有很强的文化。我们会鼓励学院里的球员学习俱乐部的核心价值观，从而创造一种团结、尊重、负责、有创意和有抱负的环境。这种文化从我们学院中年龄最小的男女学员一直延续到整个球队的队员。我们在球员很小的时候就鼓励其通过握手来向客人表示尊敬和问好。我认为能够成为这种鼓舞人心的球队的一员，是一件非常幸运的事。

所有人都在同一支队伍里。其中包括俱乐部的支持人员，他们在建立俱乐部的策略和文化的过程中起到了关键作用。凯特·塔里经常强调，为俱乐部工作的人员，最终都是球迷的守护者。2017/2018赛季与球迷的交流可以说是一项艰巨的任务，对此，俱乐部没有逃避，而是通过执行新的交流策略和举办两次旗舰球迷见面会的方式来与球迷进行互动。这些活动包括与购买了赛季门票的球迷进行一次开放式的论坛——这是俱乐部四年以来的第一次。该活动由英国广播公司的索伦特主持，参加该活动的俱乐部成员包括俱乐部的主席、球队副主席、经理和一名球员。活动邀请了400名球迷进行提问——艰难的提问——以保证让球迷知道俱乐部听到并认可了他们的声音。

这真的是继续前进的积极一步，因为如果我们不与球迷进行交流，他们就会做出自己的假设，这是可以理解的。尽量做到透明是非常重要的。现在，我们也建立了"圣徒之音"：我们宣布，我们将以问答会议的方式建立一个在线论坛，鼓励球迷提出意见。我们得到的回应令人印象深刻，球迷们列出了他们关心的30个主题。这些会议的重点是如何运营俱乐部，而不是足球的问题——票价和仿制球衣的价格、比赛日的体验以及食物等，都是讨论的主题，而且俱乐部派出了主要代表对问题进行了解答。然后，现场球迷将回答传播出去，并通过在线论坛——如圣徒网——进行讨论。我们希望，"圣徒之音"能够帮助我们加强俱乐部和球迷之间的交流。

南安普顿足球俱乐部处理逆境的方式本身就值得尊敬，而且充分体现了俱乐部文化的完整性。让人印象深刻的是，俱乐部在成绩不佳的时期没有选择逃避，而是利用这个机会拉近了俱乐部与球迷之间的关系，并且重新确定了长期的目标。俱乐部不仅将策略的开发和文化的建立进行了传递，还将策略制定过程本身用来鼓励俱乐部、员工和球迷对集体的未来进行有建设性的对话。

本章结语

对话孕育了明智的策略和伟大的文化。

PART 05

与苏菲·罗尔斯（Sophie Ralls）的对话

Killik & Co品牌主管

友善
在你的工作中发挥着
什么作用

杰夫·贝索斯是世界上最富有的人，但是并非天生就如此富有。在他小时候，他与祖父母非常亲近，每年夏天，都会到他们在得克萨斯的农场去陪他们。他的祖母在75岁的时候，有一段时间烟瘾非常大，正巧美国当时的戒烟运动正进行得如火如荼，经常听到有人说每吸一根烟会缩短多少寿命的话。在一次坐长途车的时候，年轻的贝索斯计算了他祖母这辈子少活了多少年。为了让车上的人对他精湛的算数能力加以赞赏，他骄傲地说出了计算的结果，但是他的祖母却哭了。

然后，祖父停下车，要跟他下车找个安静的地方聊聊。在他们走了很远之后，祖父跟他说了一句让他毕生难忘的话："你总有一天会发现，友善比聪明更难得。"

我们是否因缺乏友善而倍感痛苦？

人们很容易认为，虽然这种感情在生活中是真实存在的，但是它在公司和机构中基本上是无关紧要的。我们都希望警察、护士和幼儿园老师友善，但是我们都盼着首席执行官、总裁和顾问聪明（至少在理论上是这样）。有一些慈善机构，如牛津饥荒救济委员会和英国救助儿童会，被爆出了性丑闻。而在企业界，像生物科技公司曾承诺对我们的健康和幸福所依赖的体系进行改革，可最终却演变成了丑闻。公众对于不道德行为的反应——尤其是对于代表一个机构的人的不道德行为的反应——一般是愤怒或刚正不阿，而不是同情。2015年，生物科技公司的创始人伊丽莎白·福尔摩斯还被美国全国广播公司财经频道的吉姆·克莱默誉为"下一个乔布斯"。但在3年之后，她就宣布公司因长期丑闻而解散，此后，推特上的用户都建议为她建造一座特殊的监狱，甚至还有很多极端的回应。很少有人（如果有的话），对这位生物科技公司创始人所体现出的我们所有人共有的缺陷表示同情或反思。通过对伊丽莎白·福尔摩斯的访问我们发现，她真心希望让医疗体系更好地为人类服务。但是在生物科技公司的发展过程中，一些外力让她偏离了方向。这种情况并不少见。我们很多人在职业生涯中的动力都是为他人做些好事。但是我们很多人会发现，在实施的过程中会遇到很多压力，让我们无法做到这一点。

寻找聪明的友善

英国医学心理治疗师佩内洛普·坎普琳在2015年的一篇文章中也提到了类似的问题，这篇文章的主题是改革英国国民健康服务文化。她在写这篇文章的时候出现了一系列的丑闻，包括虐待病人和玩忽职守。她所担心的是，对丑闻最明显的反应是在已经被推倒的一系列举措之上，再推出一项活动计划，这种做法可能会平息公众的怒火，但是无法改善医疗护理的质量和一致性。

她建议用对"聪明的友善"的呼吁来取代下意识的怒火和对惩罚的需求。她指出，医疗护理是一个情感压力很大的行业。这个行业的从业者所面临的状况让他们感到无助和无望，而且还需要从自身找到坚持下去的理由。在这样的环境中，人们会想尽办法保护自己，而且如果这些应对机制暴露了人类处境的脆弱和缺陷，那么他们应当得到我们的理解，例如使用黑色幽默或官僚主义来作为拉开距离的机制。

除了在公共医疗服务行业从业的人员所面临的挑战之外，我们还可以加上组织功能紊乱的可能性，其形式包括团队内和团队间的矛盾、沟通渠道不畅以及界限不明。除此之外，就是更广泛的复杂问题了，这些问题产生的原因来自于在公共部门提供服务时运用了私营部门的竞争性组织原则，包括过度问责制和将病人视为顾客的趋势（例如，与病人相反）可能产生责备和怀疑的文化。坎普琳认为，这些力量的累积效应会侵蚀掉整个机构的同情或友善，当人们需要在充满挑战的环境中谋生的时候，当人们感到自己受到了管控和业绩管理文化的威胁的时候，以及当市场思维倾向于排斥利他性的时候，我们的自我保护本能就会占据上风。

虽然这一分析的重点是医疗服务的提供，但是很容易应用于很多其他行业，包括慈善、汽车制造和在线零售等。坎普琳提出的解决方案就是"聪明的友善"，这种解决问题的方法能够在个人、团队和组织层面上形成一个更紧密和更有同情心关系的良性循环。

这个良性循环的起点是一个简单的想法，即在一个体系中工作的人应该主要被一种亲近感驱动。换句话说，这意味着医护人员应当把病人当作亲人，并想办法提供他们所希望的家人或朋友的关怀。相同的概念也能应用于企业界。"客户"或"消费者"都是没有什么人情味儿的词汇，会鼓励我们用"我们"和"他们"这种词汇进行描述。我们对人关注得越多，就越有可能建立起相互信任和尊重的关系，并最终得到更令人满意的结果。除了要变得更加具有同理心之外，坎普琳还认为，如果一个企业能够具有聪明的友善，那么这个企业的运营就会更有效率，因为改进了的交流和合作会有利于生产力的提高，且其产生的文化能够更明确地发现问题、更公开地讨论问题以及更积极地解决问题。

▌Killik & Co：将聪明的友善带给投资

保罗·基利克在1989年建立了Killik & Co公司，当时是在伦敦切尔西的一位老化学家的商店里成立的。他在投资和股票经纪领域具有多年的从业经历，并且希望所有人都能得到投资带来的好处。在他建立Killik & Co之前，曾在德本汉姆的家电部商店里成立过一个小的"股票商店"，来帮助人们购买股票，并证明"普通人"也能获取投资带来的巨大利益。在他成立Killik & Co的时候，他还建立了一个分支机构网络，让街上的所有人都能进来。30年之后，Killik & Co不止一次地被《金融时代》和《投资者编年史》的读者评为"年度最佳财富管理机构"。虽然它在伦敦有9家门店，包括位于诺斯科特路的旗舰店，但是该公司抵制了通过收购实现发展的诱惑，选择依据共同的价值观来培养自己的人才和客户关系。

自Killik & Co第一家门店开张以来的30年里，发生了很多变化，在与Killik & Co的品牌总监苏菲·罗尔斯谈话的时候，我们了解到，在投资行业里也存在着努力跟上这些变化的观念：

苏菲·罗尔斯　投资行业已经过时了。我们需要从头彻底改变这个难以接近的、令人望而生畏的行业。在我们看来，最大的障碍之一就是人们害怕财富这个概念，因此，我们需要将其完全破除，然后再重新将其建立起来。

作为回应，罗尔斯正在领导Killik & Co公司下一阶段的发展。其成立时的理念仍如以往一样重要，但是它提出了一些根本性的问题，例如如何让"财富"和"投资"之类的概念变得对下一代消费者有意义：

"财富"一词来自于"wele"这个词，其含义是幸福。说得再直白一点，这其实就是你出来工作的原因：赚钱让自己有地方住、有东西吃、有能力照顾你爱的人。在重新定义财富的时候，我们让其变得与所有人都有关。每个人都想过上好生活，并且再也不用担心——钱就是促进因素。

这一"好生活"的概念成了Killik & Co新方法的核心。该公司提出了一种更具咨询性质的方法，将新客户带到投资领域中，并且保证现有客户的投资能够与其自身的目标相一致。重要的是，Killik & Co没有将其自身的"好生活"概念强加给客户。该公司的人员不会假设其客户都希望在年轻的时候退休。而是将重点放在了好生活的"四大支柱"上。

－家庭：你的家庭生活是什么样的？你希望你的家庭生活是什么样的？

－工作：你对你的职业生涯有什么期望？

－亲人：你有没有在未来计划中需要得到重视的子女或父母？

－休闲：你对什么感兴趣？你希望自己能多做一些什么事？

尤其值得一提的是，最后一个支柱能帮助最开始对投资不感兴趣的人将其热情转变成投资的理由。例如，如果一个人喜欢跑步和耐克品牌，那么就可以鼓励他投资耐克的股票。作为一家私营机构，Killik & Co能够接触到世界上很多类型的资产，而且不用担心利益的冲突。从我们的谈话中还能够看出，创始人保罗·基利克将一种独立的思维灌输到了该公司之中。不同寻常的是——可能对于财富管理公司来说是违反常规的——Killik & Co没有痴迷于追求"高净值人士"。相反，该公司把自己与分享其独立精神的"开明的人"联系了起来：

我们方法的重点不仅仅是与已经了解投资好处的人进行谈话。我们的目标不是年龄或收入，而是一种特立独行的思想。这些人思想深刻，而且当你进行投资的时候，你得长期在这个行业中。开明的人关心的是他周围的世界。他们希望获得专业经验，且希望得到信息。作为一家公司，我们不会跟风，因此我们希望我们的目标客户也不要跟风。

对开明的人的关注意味着Killik & Co采用了一种以内容为导向的方法来进行推销和吸引客户。其方法很简单：去这些人常去的地方，并给他们一些有意思的信息，告诉他们一些他们还不知道的东西，激励他们换种思路来看待财富和投资，并建立一种强大的感情纽带。这里的重点是接触的质量，而不是数量：

我们宁可只接触25个对的人，也不愿意通过推特让25000人参与进来。为了做到这一点，我们将自己与其他竞争者的品牌或思想者关联了起来。去年，我们在Soho找了个地方，将其装修成咖啡馆和休息室的样子。我们将其称为Killik Soho之家，并且从没来过的人还将其称为

"股份ISA"。我们举办了一系列的研讨会。例如，我们与开瑜伽班的Psycle进行了合作，举办了一次关于整天坐在电脑桌前对身体的危害的讨论。这与我们最初的利益和投资关联了起来，可以帮助人们过上好生活。这是一种有机的方法，而不是一种按数字付费的方法。

这种以内容为导向的方法扩展到了网站上，其中将生活方式社论与投资指南结合了起来。某些故事还将二者结合在了一起——例如，有些文章讲的是人工高智能是如何影响商业和投资的，而有些文章讲的则是友善在团队管理中的作用。其营销团队也将其关注点从全面的社交媒体平台（如脸谱网）转变成了LinkedIn和照片墙，因为开明的人更有可能在这样的平台上花时间来寻找他们所需的信息。毋庸置疑的是，这种策略上的转变会降低浏览量，但是网站跳出率会降低25%，而且平均阅读时间在6~9分钟，这说明罗尔斯和她的团队实现了更深层次和更长时间的内容参与。Killik & Co建立数字品牌的方法得到了其实体参与策略的补充：

我们是二流建筑物中的一流财富管理机构。这听起来可能会让人敬而远之，所以我们在早晨举办瑜伽活动，或在开始的时候集体讨论美食和餐馆。我和我的一位同事会在前面站90秒钟。我们会说："我们之所以邀请诸位前来，是因为我们觉得诸位对此非常热情，而我们希望帮助你们通过这种热情来获得更多的东西。"就是这样。这实际上就是一种精妙的推销。我们不期望短期内会有什么回报，但是人们会开始与投资界建立信任和密切关系。有太多的人从来不会考虑投资——所以让他们入门其实就是胜利。

当人们想要成为客户的时候，这种启发式的参与方法会继续发挥作用。对于新客户，会为其指定一位顾问，这位顾问将花时间来了解客户的兴趣和需求、他们对生活的期望。在一个正在向投资、智能机器人和人工智能转变的世界中，这可以说是一种相反的做法：

我们真诚地相信人们，而且我们认为目前在该行业中出现了一点问题。机器人的建议不是一种建议，而是一种指导。这不可能是建议，因为这种建议并不是人的建议，而且机器人不够聪明。这里面没有人的关系，也不能理解你到底要什么、什么对你是最重要的或是你的宏大愿望是什么以及如何帮你实现愿望。这就是我们不一样的原因。

所有这些并不是说技术对Killik & Co不重要，只是说其作用是经过精心设计的，而且不能拿它的好处做过多的文章。公司有一个客户门户网站，能够帮助客户了解他们的账户信息，并且能够接触到Killik & Co内部研究团队的看法。这项业务还包括发行一个智能存钱和投资的手机应用，名为Silo，其目标是让投资的参与度变得更高，并更加深入到我们日常的生活中：

与其他投资类手机应用相比，Silo在签署和开始投资方面花费的时间更多。这是我们在开发手机应用的时候故意做出的决定。我们的目的是保证能够提出所有相关的和必要的问题，从而尽可能了解用户和用户的处境。这样做会让我们得到能够最适合用户需求的投资计划。

对数字技术的投资促进了该公司将更多的想象力引入到其实际的

分支网络中。基利克之家的成功，实现了伦敦南部诺思科特路上的基利克之家的开张，所以客户能够获得更全面的店内体验：

你可以来上瑜伽课。你可以来讨论怎么为家里存钱。在这个真正舒适轻松的空间里，完全融入了生活方式、业务和金融。

这就像是远离家的家，而且这的确有用处。我们在这里与数不清的潜在客户会面。人们来到这里是因为他们有的已经知道了Killik & Co，有的是因为希望参加我们的活动，而有的则是希望跟做不同事情的人聊聊天。

如果你所依赖的人感到自己被忽视了，那么同理心对客户来说就没什么用处了。这就是Killik & Co如此强调支持员工的原因。虽然金融公司仍然因为整体的坏名声而面临困境，但是这个行业倾向于照顾其员工。养老金计划、医疗保险和假期补助等，都非常高，而且员工很容易得到高质量的财务建议。Killik & Co希望能够走得更长远一点，从而向其员工证明公司无论是在感情上还是财务上都是值得信赖的：

我们是家人拥有的企业，我们是家人运营的企业，而且我们是合伙企业。我们关心我们的人，并会对他们进行长期投资。我们的人力资源部门中都是些传奇人物。在过去的6个月里，我们改变了从经济上奖励某些员工的方法——现在只要达到一定的客户满意度就能得到经济奖励。我们在过去的15个月里，一直都在关注重新定义财富的任务，而且在6个月的时间里，我们改变了公司的运营方式，可谓一项壮举。我从来都不想用"友善"这个词，但是这是我们做一切事情的核心，而且是我们重新定义财富的使命所在。你这样做是为了你爱的人。

Killik & Co证明了当一个企业看重友善的时候能够做到什么。财富管理是一项非常讲究实际的业务。业绩很重要、价格很重要。这就是为什么被动投资会变得如此受欢迎。毋庸置疑，Killik & Co需要以合理的价格向其客户提供高额的回报，但是这是任何人希望其财富管理机构或投资顾问所能达到的最低水平，而且如果只谈费用和业绩的话，就会将大量对金融不感兴趣的人拒之门外。但是我们都希望与有信心的人合作，因为他们能够让我们在一个被重视和关注的环境中感到舒服。Killik & Co会让人找到家的感觉，不仅是因为这是一个家族运营的企业（虽然有一定帮助），还因为其聪明的友善会让人找到家的感觉——无论是客户、员工还是仅仅想进来坐坐的人。这就是友善能够实现的东西。

本章结语

友善让你的品牌具有家的感觉。

PART 06

与汤姆·凯里吉（Tom Kerridge）的对话

米其林星级厨师

与你品牌有关的最糟糕的词是什么

2016年，《牛津词典》发起了一项名为"一个单词的地图"（#One Word Map）的活动，这是一个在线的众包实验，其目的是了解全世界使用语言的情况。该活动通过提出一个所有人都能用一个（英语）单词回答的问题来吸引全球对语言有兴趣的人。这项实验的目的是产生丰富的实时数据组，来帮助《牛津词典》了解全世界使用英语的情况。可惜，这项活动提出的问题是：

"你最不喜欢的英语单词是什么？"

在活动一开始的时候，"潮湿"（moist）一词遥遥领先，但是在仅仅收集了10000份答卷之后，这项实验就不得不终止了，因为出现了"严重的滥用"。这看起来应该是脏话和"宗教攻击性词汇"结合造成的。《牛津词典》得到的东西明显超出了他们的预期：深入地了解了在网上匿名交流时，人们在没有约束的情况下会有什么感觉。

同一年，英国的通信管理机构通信管理局（Ofcom）对248名人员进行了研究，来了解他们对广播或电视上出现的144个可能具有攻击性的词汇会有什么反应。这些词汇的强度不同，从包括非常弱的词（如：饭桶）到一些难以启齿的词汇。该研究发现，人们关心最多的不是词汇的强弱，而是是否会造成区别对待。在广播过程中，我们关注的重点是保护儿童和避免冒犯他人，尤其是少数群体。而个人受到的冒犯并不重要。

侮辱和屈辱

通过这些实验，哪些词汇对我们的冒犯最大？在没有人评判我们的时候，我们对冒犯性的语言持无所谓的态度。而当别人都在看的时候，我们最讨厌的事情就是容忍本身。

但是对商业用语来说，情况就不同了，因为商业用语要尽量避免性别、信仰和种族。在2018年达沃斯世界经济论坛之后，英国广播电视新闻网（BBC News）上刊登了一则故事，描述了其读者提供的最差劲的商业用语例子。最明显的是敏感（agile）、宽带（bandwidth）、去风险（de-risk）、入职培训（onboarding）和操纵（quarterbacking），但是这些词都激起了正义的愤怒。很难想象，就是这些词造成了"一个单词的地图"活动的失败。

这是对商业语言整体情况的悲哀反映，但是这也成了一个策略问题。我们思想的质量与我们的语言质量相等。当我们习惯于平庸的时候，我们的策略的质量（以及我们将策略告知他人的方式）将不可避免地出现问题。

想要例子？看看伦敦富时100指数就行了。在这100家公司中，有93家会将其企业价值观放到网站上，可能是希望投资者和潜在员工能够看到并崇拜这些价值观。让人感到惊讶的是，一些词汇重复出现的频率：在这93家公司中，有68家至少会提到10个最常用的价值观中的一个。这说明我们严重缺乏想象力。排名前十的词汇为：

1. 诚信（32家公司）

当然，这是一种担心的理由，而不是骄傲的来源，所以如此多的公司认为需要将这个价值观作为开展业务的指导准则——有没有替代选项？

2. 尊重（21家）

不可否认，但毫无用处——任何富时100指数中的公司都不会认为不尊重别人的行为在工作环境中是可以接受的。

3. 创新（17家）

如果首席执行官知道"不创新就死"这句话，那么多半会选这个价值观，这基本上是死亡的反义词。

4. 以客户为中心（17家）

以客户为中心对于以创造股东价值为目的的公司来说，似乎是必不可少的。但是，很难看到这些公司将客户的满意度放到出资方的满意度之前。

5. 优越性（15家）

谁不想让自己的公司优越？作为一种直白的积极价值观，这个词汇能够提供什么有用的方向呢？

6. 团队合作（14家）

我们还没有遇到过鼓励单兵作战、暗箭伤人和默许纵容的机构呢。

7. 信任（13家）

除了诚信，这似乎也是一项基本要求。

8. 以人为本（12家）

就像"以客户为中心一样"

9. 安全（11家）

同样，也是开展业务的一个必要前提。

10. 激情（11家）

《金融时报》的露西·凯拉韦（Lucy Kellaway）写了很多关于"激情方式"的文章，并且认为如果工作没有激情，在当代就等同于骗钱。这只不过是你希望别人来你这里工作的一种说法而已。

这种想象力的整体缺乏真的重要吗？可能吧。下面的两个图形对比了富时100指数公司中最普通的前10位公司的业绩（根据其价值）和25家价值最低的公司的业绩，依据的是路透社的数据。黑条表示的是更普通的公司会比那些不普通的公司发展得更慢，这是根据分析师的意见进行预测的。不太普通的公司的贝塔值也比较低，这说明这些更高的发展期望不会因为更高的变动性而实现。总之，公司品牌策略质量较低的话，其实现的业绩也较差。

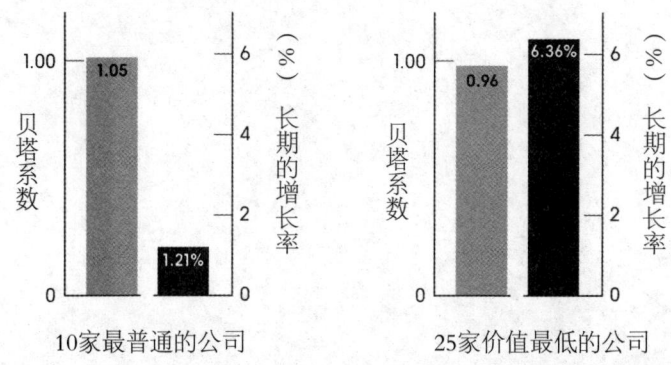

富时100指数公司：平均（未加权）公司贝塔值和
分析师一致认为的长期增长率

除了上述数据之外，还有至少两个原因能让我们相信更具有想象力和不同价值观的公司会超过具有一般价值观的公司。首先，独特的价值观说明公司的领导层一直都在努力发现明确且有异议的差异点，而且对他们维护这种差异点的能力有信心。其次，不同的价值观证明了公司具有一种确信的文化，愿意做出困难的决定，并且有能力在不走其他企业老路的情况下制定自己的策略。

那么，如何避免让自己的公司也出现这种陈词滥调呢？可以做个简单的测试："相反"测试。这再简单不过了。列出你的竞争对手追求但是你非常讨厌的积极品质，然后再加上不超过三个品质——在这一测试中，质量要高于数量。

汤姆·凯里吉：别叫他艺术家

伦敦的科林西亚大酒店距离特拉法加广场只有一箭之遥。按照大多数人的标准来说，这家酒店和它的餐厅可以用"奢华"来形容了。当标志着第一次世界大战结束的大本钟响起的时候，丘吉尔就坐在这家酒店的办公室中，而且这家酒店最近与一些未来学研究者们进行了合作，来探索奢华的未来。这里也是汤姆·凯里吉在伦敦的大本营，他是英国最受欢迎的主厨之一，而且拥有两颗米其林星。公平地说，凯里吉并不仅仅是奢华的。他在英国的许多餐馆当过主厨，后来在马洛接手了一家快要倒闭的名为"手和花"的酒吧。在开张不到一年的时间里，他得到了第一颗米其林星，并且在2012年得到了第二颗——这对一家酒吧来说是史无前例的。在这一过程中，他重新定义了新一代英国人对美食的看法。

凯里吉开始做菜并不是为了获奖或改变态度，也没有跟自己的外婆学过做菜。他只不过是需要一份工作。但是当他进入厨房的时候，他就爱上了这里的一切：无情的催单、工作准则和混乱。很快，他就不再认为这是一份工作了，而是认为这是一种生活方式——他说就像是在一艘"海盗船"上一样：

汤姆·凯里吉　我热爱烹饪。餐馆从周六午餐到周日全天停止营业，所以我们在工作之后得出去。当时就在伦敦西区的圣马丁小巷上。在周六晚上，你得在外面待到早上五六点钟，然后吃早餐，再回家，周日睡上一天，周一早上六点再回来。这种感觉很好。有人可能觉得这种生活方式不好，但是对我来说，这才是我想要的生活。我不理解为什么每周只工作40小时。如果不把工作看成工作，你就会觉得这是在生活。

在其职业生涯的早期，凯里吉就认识到了走出舒适区的重要性、接受挑战的重要性以及犯错是不可避免的。在这一过程中，他也承担了很多风险——手和花酒吧就是一场豪赌，无论是对他的职业生涯还是个人来说都是这样，而且他建立的品牌横跨了餐馆、书籍、电视、厨具以及在线商店。有些品牌是通过精心的策划建立起来的，但是这个品牌不是。这个品牌没有整体的计划，只不过是数十年的努力工作、谦虚谨慎和勤奋：

做到这一点不需要什么雄心壮志。只不过就是每天把你做的事情做得更好一点。我没给自己设定目标什么的。每天我都在担心可能会倒闭。我的菜与人有关。并不是什么品牌策略。我就是一个来自格罗斯特做饭的家伙。

当人们评论他的品牌时，凯里吉会感到不舒服。这是可以理解的，因为当人们评论你的"品牌"价值，或是将你和你的名字分开时，是有点奇怪。他最喜欢讨论品牌是怎么建立起来的，因为并没有使用策略，而是通过仔细地寻找好配方。这是他最有控制力的方面。除此之外，他还特别强调团队在建立汤姆·凯里吉品牌并使其取得成功方面的作用：

虽然我是精神领袖，但是我还得靠230个人才能运作起来。这个品牌之所以能够运作，就是因为我们让很多人参与到其中——设计师、主厨、前台清理。所以，无论是酒店、艺术还是人，所有的一切都必须是真实的，互相关联的。

这种真实性无论是对于他在伦敦的餐馆还是在马洛的酒吧都是一样的。餐馆瓷器上的花纹与马洛陶器上的相反，而餐馆的空间则是凯里吉的雕刻师太太贝丝·卡伦-凯里吉设计的。这里会让你感到舒服，而不是挑剔或让人紧张。餐馆的空间体现的是让凯里吉变得家喻户晓的亲切性：

人们会说："我以前从没在米其林星级餐馆吃过饭，但是我去过手和花。"那里很棒，因为那里不是米其林一星，而是米其林双星酒吧。他们来这里跟我吃饭会感到很舒服。我们总是希望这里成为一个能让你畅饮啤酒和饮料的地方，而不是花400英镑买瓶红酒。这里有的就是好吃的美食。每个人都知道酒吧是怎么回事，就算有两颗星也是一样。我总是做我想吃的东西，只不过是做得好吃而已。把鱼和薯条做好，不要太关注菜品。

凯里吉最讨厌的一个单词就是"假的"。这是可以理解的，因为他花了一生的心血来做真的东西，这在一个被社交媒体、虚假新闻和小报消息统治的世界中是非常不容易的。他有足够的信心不受其他人的负面评价以及其他主厨的成功的影响——他很愿意在他们的饭店里吃饭，而且认为能跟他们学到很多做生意的东西。更让我们惊奇的是他对我们的"相反"测试的反应：哪些词汇是其他主厨希望得到的而他不愿意用在自己品牌上的呢？

我要说说每个主厨希望别人对自己的描述而我却不想要的词汇：创造性和艺术性。他们讨厌的，才是我的样子。整体来说，我觉得，主厨都希望别人认为自己是努力工作的、专业的、有技巧的、工资不高且疲惫的。而不希望别人觉得自己懒惰和没有想象力。他们讨厌的东西就是我的样子。我的烹饪，用我的话来说，就是懒惰和没有想象力。

这真是太实在了，但是可能有一点消极。人们很难想象，一位米其林大厨的成功来自于其懒惰和缺乏想象力。但是，对于凯里吉来说，这是其品牌与众不同和受欢迎的秘诀。他不是会到处吹嘘自己才能的人。他只会说自己是如何脚踏实地努力工作的。如果他不是电视上的主厨，他觉得自己可能是计程车司机、工地上的工人或开着白色面包车送家具的人员。但无论他做什么，他都会脚踏实地努力工作：

我觉得，如果你真地努力去寻找好的配方，那么你为什么要把它们弄乱呢？你为什么不能让它们自己去完成这项工作呢？就像是好红酒或啤酒一样。你只需要找到好的酒，然后别人把酒酿出来，你需要做的就是把酒装到杯子里，然后微笑着送给客人。这样就对了。这是我学了多年的手艺之后得出来的，这并不是艺术。如果你是一个好的建筑商，能够建造很好的房子，这就对了，但是你在18岁的时候造不了好房子。当你45岁的时候，你经历了这么多年，而且在工地上这么努力地工作，所以你知道地基是什么样，怎么砌砖，以及如何让房子发挥作用。这完全是一样的。我们只不过是在盘子上造小房子。这就是手艺。

如果谈到他的品牌，凯里吉可能会觉得不舒服，但是他能很好地理解是什么定义了品牌——毕竟这个品牌是通过他的想法建立的。他的"相反"测试说明他能深入地了解是什么让他的品牌如此不同。可能这也是他的菜能让这么多人喜欢的原因。

本章结语

你的品牌可能会被你认为最讨人喜欢的侮辱定义。

PART 07

与杰基·乔丹（Jackie Jordan）的对话

国民托管组织品牌、营销与支持者发展执行理事

你的品牌
回应了什么更高的
人类需求

无论一个机构是不是营利性的，其有效运营的能力都取决于它是否能成功地激励他人。激励理论是亚伯拉罕·马斯洛在1943年的《人类激励理论》中提出的，也就是最著名的马斯洛需求层次理论。

马斯洛的需求层次理论包括五个需求层面，一般情况下是按照分层的金字塔形状描述的。在金字塔的最底部，是最基本的生理需求，如食物、水、温暖和休息。然后是安全性需求、归属感需求（包括给予和接纳）、尊重需求以及金字塔顶部的自我实现需求，这其中包括道德、创造性、问题解决和应对知识等方面。这一层次理论的基本概念就是，如果低层次的需求无法得到满足，那么就无法考虑高层次的需求。用马斯洛的话来说，就是"对于饿急眼的人来说，除了吃的，他对什么都不感兴趣"。

流行度与问题

马斯洛需求层次理论之所以能够流行，主要是因为灵活简单：因为这是一个关于人类激励的通用理论，适用于任何人；而且因为这个金字塔的五层都很容易理解，无论是心理学家还是顾问，都能用这一理论来自圆其说。但是这一理论的广泛使用也有一个问题，那就是极少有证据能够支持这一点。就像是强行推销的顾问所喜欢的其他理论——原型理论一样，需求层次理论依据的不是大数据或是科学方法。在提出自我实现的想法的时候，马斯洛看了他认为已经具备了自我实现的18个人的传记和文章。他的金字塔的顶端并不是无懈可击的，玛丽·波平斯列出了马斯洛在他最欣赏的人身上找到的最崇拜的特性，这些人包括贝多芬、爱因斯坦和特蕾莎修女。多年以来，人们进行了大量的学术研究，但是都没能用定性的结果来证明或否定马斯洛理论的各个方面。

对于层次理论的另外一个批评就是，生活中有很多例子能够证明，人们在未满足低层次需求的情况下，也会追求高层次的需求。例如，生活贫困的人也会追求爱情和归属感。而且马斯洛的层次理论与艺术来源于痛苦的浪漫理想直接相抵触：诗人埃德加·爱伦·坡赚的钱不够养家，最终在贫困中死去；奥斯卡·王尔德在狱中写完了《深渊书简》，而且他当时还遭受着疟疾和营养不良的折磨；维梅尔和梵高的大部分时间都挣扎在贫困线上，却创作出了举世闻名的画作。现代社会对层次理论的批评还指出，Wi-Fi也没有被加入到金字塔的最底端。

需求就像维生素：我们需要不同的膳食

更严肃的批评认为，层次理论体现了西方人将个人利益放到集体利益之前的情形。自尊和自我实现都高于归属感和爱。2011年，心理学家路易斯·泰和爱德·迪纳进行了一项研究，使用了来自123个国家的60865人的盖洛普数据来了解主观满足感（也就是常人所说的"幸福"）与马斯洛层次理论中所说的需求之间的关系：基本需求、安全需求、社会需求、尊重需求、统治需求和自治需求。该研究发现，在全世界，基本需求的满足对于我们觉得是否过上了美好生活是非常重要的。社会和尊重需求对于我们对生活的积极态度是重要的。而缺少尊重和自治则与我们对生活的负面感觉关系最大。他们的结论是，最重要的就是需求满足的平衡，包括个人的基本需求、社会需求和心理需求之间的平衡。换句话说，把需求进行分级既不正确也没有帮助。需求就像是维生素——我们需要健康且多变的食谱。

最重要的是，我们不应该将自我实现看得比爱和归属感的需求更加重要。这对于我们如何看待领导、如何对待员工以及如何建立与客户之间的关系有最基本的影响。在领导方面，这样做说明我们太关注个人的效率，而忽略了在集体内的领导能力。在员工方面，这说明我们过于关注个人的发展和酬劳，而忽略了社交的影响力。而在客户方面，这说明我们过于关注职能和感情的利益——实际上，一个机构能够向客户提供的社会福利也同样重要。

国民托管组织

　　国民托管组织是在1895年由三个非常不同的人创立的，但是他们对保护英国的名胜古迹和公共空间有同样的热情。在很多方面，国民托管组织是对当时英国的快速工业化的一种回应——这三位创始人都想建立受到保护的空间和地方，让普通人能够在这些地方避开烟尘并重新与名胜古迹和野生动物建立联系。奥克塔维亚·希尔仍然是该慈善组织的精神领袖。我们与该组织今天的领导人之一进行了谈话，他就是杰基·乔丹——品牌、营销和支持者发展的执行理事，我们了解了该组织是如何从19世纪针对工业化的机构演变成21世纪英国核心的慈善机构的：

　　杰基·乔丹　奥克塔维亚是组织中非常重要的一个人。她能够发现让人们得到更好的生活的机会以及做出改变的机会。她谈到人们对开阔的公共空间的需要——看到蓝天、拥有新鲜空气——这些都是人类的基本需求，而且这些东西在经过工业革命之后明显处于危险之中。我们还有罗伯特·亨特，他认为我们需要管理和保护，而且要通过国会来帮助解决工业革命带来的一些挑战。最后，我们还有卡农·罗恩斯利，他是一名保护主义者，尤其是对土地的保护，他对名胜古迹资产和自然资源的流逝感到非常痛心。

　　在很大程度上，该机构在今天体现了对现代化社会中各种问题的这三个不同的观点。国民托管组织的活动领域极为广泛,分为自然与野生动物(促进生物多样性)、土地与景观(保护海岸线和乡村)、名胜古迹(保护具有历史意义的住宅、地点和空间)以及视频(推广可持续的本地耕种实践)。将所有这些活动串联起来的是奥克塔维亚·希尔的一个核心准则:"我们在这里不是为了少数人,而是为了大家。"这一指导准则要求该慈善机构在保护该名胜古迹的时候,还要让尽量多的国民能够接触到这些名胜古迹。我们正在进行第四次工业革命,而且在很多方面,面临着与第一次工业革命相同的问题:污染、环境退化、缺少自然空间以及人口越来越多地集中到城市中:

> 国家在21世纪需要国民托管组织做什么?这是我们经常问自己的一个核心战略问题。这个国家的生物多样性已经危在旦夕,而且主要是因为乡村没有得到像名胜古迹一样的保护。我们的土地管理方式产生了很多问题,涉及水域的管理、洪水泛滥、自然空间和人们的接触。对于我们自然环境的威胁已经很明显了。

我们今天可能比任何时候都需要像国民托管组织这样的慈善机构。而在另一方面,国民托管组织难以向人们说明其活动的范围,以及人们为什么应该投资支持该慈善机构。该组织经常感到自己陷在误解的泥潭中无法自拔。有些人认为该组织是提供游客体验和景点的机构。很多人认为其资金来源于政府。但是,情况并非如此。首先,也是最重要的,国民托管组织存在的目的是为了国家的利益来保护空间和地点:

> 我们的工作是向人们提供地点的生活改善福利。你可以认为我们

就是将人们与某个地点联系起来，并帮助他们从与那个地方的联系中获得价值感。我们做的并不是要拯救世界，而是要确保能够保护对于我、我的家人、朋友或社区来说真正重要的地方和地点，从而在50年或100年之后，让其他人也能够拥有相同的体验、来到相同的沙滩或在相同的土地上散步。

乔丹面临的一个主要的难题，就是你无法告诉别人如何享受沙滩或土地。国民托管组织说了很多关于"特殊地点"的东西，但是所有这些地方都是多方面的，而且会因为不同的原因变得对人们特殊：

我们能够提供很多你想要的东西。我们不想告诉人们如何体验和享受我们的地方。我们不是迪士尼，如果你想单独待会儿，你就单独待会儿。你可能想寻求刺激和挑战，也可能想要拥有兴奋的体验。我们不会对我们的地方进行改造，来提供我们觉得有意思的东西，但是如果有人不想进屋而是想坐在花园里或喝杯茶，那么也能在我们这里实现。

这里没有需求层次。想要从国民托管组织管理的地方获得什么样的体验完全取决于个人、家庭、集体、社区。所有的利益都是同样有效的，但是必须能产生积极的体验。毕竟还有什么比喝茶对英国人来说是更基本的需要呢？这种多元化的好处已经超过了个人的范畴。国民托管组织已经觉察到了其在促进和维护紧密社区关系中的作用：

我们管理的地点都在社区之中。这些社区通常是围绕着这些地方发展起来的，所以我们如何与它们合作和交流是非常重要的。我们觉得有重大威胁的方面就是地方政府对二级遗产和绿色空间的资助，无论是本地的公园还是图书馆。这些地方在国际上来看都不重要，但是对于一个社区的特性和特征来说是非常重要的——这些地方让一个社区有了自豪感和归属感。

有了这种多元化的观点之后，国民托管组织能够探索新的方式来为这些好处提供资金和实现这些好处。并且，该组织尤其关注与社区合作来发现新的资金提供模式；建立众包和社区投资框架，来解决其中的一些问题；出借其自身的人员、资源和专业经验。该组织的大部分活动涉及各种各样的合作，包括与贫困社区的合作、与支持者、成员、捐助者、志愿者和保护合伙人在政策、问题和项目上的合作。与如此多的团体进行合作，意味着该组织会继续强调兼容并包。奥克塔维亚·希尔的一个创立原则就是国民托管组织服务的不是少数人，而是大家。随着其成员的增加及合伙人的多样化，这意味着该组织正在努力使自己不陷入"为了所有人做所有事"的陷阱中：

兼容并包的问题是我们的一个重要主题。这对我们如何开发我们的资产有重要影响，对我们的收购策略有影响，对我们的成员有影响。作为一个拥有540万成员的机构，我相信我们是英国最大的成员组织了。加入我们的大部分人都关心自然、关心自然环境，而且是他们社区中的实践者。我们的成员情况非常复杂。我们作为组织来说，奋斗得非常努力，因为我们被视为一个完整的、美好的中立空间。我们关注的是传统、舒适和安全，所以当我们想要得到一些东西的时候，就要努力。我们无法为我们觉得重要的东西辩护，也无法为我们应该做的事情辩护，从而证明我们服务的是国家中的所有人。这让我们后退了很多，但是我们为什么不能说明我们在这里是为了所有社区呢？

　　这里是向大量不同会员提供各种好处的不利方面：在同一个点上，你必须让人们知道你在维护什么以及你最终想要提供的好处是什么。你不能完全让别人来为自己定义你是一个什么样的组织。利益多不多并不重要，究竟是功能利益、感情利益、个人利益还是集体利益也不重要——这些都是同样有效的，无论马斯洛想让我们相信什么都一样。是"更高层次"的需求，还是"基本"需求，也并不重要。重要的是，一旦你确定了，就要坚持完成。乔丹和国民托管组织非常明确他们是为了提供什么利益而存在的。

　　奇迹是一个要实现的巨大而美好的需要。这种需要非常特别，但是又很广泛，适用于国民托管组织的所有受众。这种需要会迫使该组织不断地向自身提问，并让其多样化的成员认为它实现体验的方式是美好的。这种想法可以用来促进该慈善机构成为一个更有趣的工作地点，以及更具有鼓舞性的合作方。除此之外，它依据的是关于更宏大场景的观点，并不是想象的需求框架或原型框架。社会的工业化已经把现代人生活中的奇迹剥夺走了。国民托管组织已经接受了挑战，要把这种奇迹带回来。

本章结语

美丽的想法要好于伟大的想法。

PART 08

与史蒂芬·唐宁（Stephen Twining）的对话
唐宁茶企业关系主管

商业
世界之外你在哪里
寻找灵感

2018年，迈克尔·波特和尼汀·诺瑞亚对一些首席执行官进行了追踪，来了解他们如何分配自己的时间。他们用3个月的时间追踪了27位首席执行官的活动，把他们每天的时间分成15分钟一份。研究人员总结说，首席执行官的岗位需要全身心的投入：接受研究的领导人平均每天工作9.7小时，周末79%的时间都在工作（平均每天工作3.9小时），假期70%的时间用来工作，算上这个的话，平均每天工作2.4小时。不工作的时间非常宝贵——首席执行官每天从下班到睡觉（6.9小时）大约有6个小时的时间。在这6个小时中，用大约一半的时间与家人相处，用不到1小时的时间做运动（首席执行官们似乎都喜欢把自己和运动员进行对比，而且认为保持身材对于应对工作需求是至关重要的）。

首席执行官每天平均有4个小时的休息时间，用来看看电视或做些自己喜欢的事情。因为他们在每天工作之后会筋疲力尽，所以不太可能盼着他们能深层次地接触文化。在每天工作10个小时之后，我们大部分人会选择休息，而不是参观展览。

艺术让我们不平凡

缺乏文化发展的时间看起来不太光荣，不但从拥有全面的领导这个角度来看是这样，而且从艺术和文化能够改善我们的业务发展方式的角度来看也是这样。对首席执行官如何分配时间的研究回应了美国小说家厄休拉·K.勒奎恩的看法："大部分成年人每天的生活如此繁重和机械，让我们把大部分的世界关在了门外。我们必须这么做，这样才能完成工作。我觉得，艺术的一个目的就是让我们摆脱这种日常生活。在我们听音乐、诗歌或故事的时候，世界又打开了。"这种情况对现代的首席执行官来说尤其如此。艾丽丝·默多克还认为，艺术在刺激公众想象力方面具有强大和重要的作用。1977年，在一次对英国哲学家和广播员布莱恩·麦基的访问中，她认为，艺术是打开我们双眼的方法，能让我们看到周围更广阔的世界："艺术是关于世界的，其存在能够让我们从日常知识的背景中脱颖而出，坚持这一想法是非常重要的……美好的艺术对于人们来说是非常好的一件事情，因为艺术不是幻想，而是想象力。艺术能够打破我们幻想生活的枷锁，并且能够让我们努力为了真实的美景而奋斗。我们大部分时间都看不到这个真实广阔的世界，因为我们被贪、嗔、痴和恐惧迷住了双眼。我们把自己锁在了一个小小的个人世界里面。"

在没有任何外界刺激的情况下就想让首席执行官们进行愿景式的领导似乎不太公平。艺术、音乐、诗歌、雕刻和文学成了消除工作压力的良药，并且能够帮助我们看到这个世界的无限可能性。一些有眼光的首席执行官会喜欢用更全面和更有想象力的方式来工作和生活。丹尼尔·易与他们一同创建了声田（Spotify）公司，并且在2017年被《告示牌》杂志评选为音乐节最重要的人物，但是在此之前，他尝试做过很多其他的事情，都失败了。在快30岁的时候，他用一年的时间想努力成为一名全职音乐人，后来才意识到他还不够好。在计算机编程方面他也是这么认为的。他认为，自己注定是个杂而不精的人，因此就放任自己成为一名"业余玩家"。他喜欢尽可能多地参与声田的项目，但是会把工作留给别人去做。她在计划每天用于创作的时间方面是极为守纪律的——即便需要缺席会议。

他希望在声田工作的人都能博而不专。职业生涯是随着一系列的"任务"发展的——任何员工都要用几年的时间完成一项任务，然后才能接受新的角色。每项任务都会保持一种紧迫感，确保员工不会太过于关注其工作的一个方面，方法就是让他们更广阔地了解公司的情况：声田的最终目标是帮助100万名艺术家用他们的艺术养活自己。丹尼尔·易不仅希望建立一个公司，他还希望对给他灵感的艺术形式产生积极的影响："我想要这家公司影响文化，积极的影响。如果你能做出对人们有价值的东西，那么你肯定能建立一家有价值的公司。我的联合创始人几年前说过，一家公司的价值就是其解决的问题的总和。我们为这个世界解决的问题以及我们创造的价值，将通过公司的价值体现出来。是不是每个季度都是有价值的？可能不是。人们对你可能会忽冷忽热，但是这是一种感觉。我所关注的是长期的事情，通过创造力给10亿人带来灵感，为人们创造表达自我的新方式。"

文化的给予和索取

丹尼尔·易的日子不比普通的首席执行官轻松——他承认，有的时候整天都没法睡觉——但是他对其所处的文化环境以及他希望公司能够做出的贡献体现出了更强大的意识。这对一家音乐流公司来说似乎是很明显的，但是任何成功的企业都能从文化的给予和索取中获得好处。对27名首席执行官的时间研究有一个非常有意思的方面，那就是在他们之中只有两名女性。多样性——不仅仅是性别多样性——仍然是一个问题。他们有没有可能从女性主义文学中获得实践灵感？有才华的作者们，如艾德丽安·里奇，对人类关系中的尊敬和诚实有深入的了解——例如，当我们无能为力的时候，会倾向于撒谎，且撒谎会影响我们的关系质量："两人之间或一群人之间存在的可能性是一种魔力。这些可能性是生活中最有意思的事情。说谎的人会一直看不到这些可能性。"

首席执行官的领导品质

勇敢、诚实、能够良好地表达复杂的想法、具有发现别人错过的机会的眼光——这些都是我们希望领导人能具有的品质。但是，如果首席执行官需要跟时间赛跑的话，可能就无法培养这些品质了。标准普尔500指数公司首席执行官任期的中间值是5年——在发现未来机遇以及建立策略和工作文化方面，这个时间不算长。难怪首席执行官们经常在晚上、周末和节假日加班。伯特兰·罗素在他的文章《如何变老》中提供了一条好的建议："让你的兴趣逐渐变得广泛和更加不带个人色彩，直至自我的墙壁倒塌，你的生活才能逐渐融入到全世界的生活中。"

首席执行官们真的能遵守这条建议？毕竟罗素是一名伟大的逻辑学家，但是从来没有管理过一家标准普尔500指数公司。而沃伦·巴菲特则管理过，而且从1965年就开始了。他每天的工作情况与"现代"的企业运动员相比可谓大相径庭。他每天起得略早（6点45分），但是不是为了上班或健身，而是要读一读报纸。他会在上班的路上去麦当劳，在那里，他会按照对这一天感到的"繁忙度"来选择早餐。他吃早餐的时候会来一杯可口可乐（他曾跟《财富》杂志说，他身体的1/4是可口可乐）或是一杯草莓奶昔。你可能觉得这种早餐会让大部分的首席执行官早进棺材，但是巴菲特之所以像6岁的孩子一样选早餐，是因为他从精算表中得出的结论：他这个年龄段的人死亡率最低。他上班是因为他想上班，而不是不得不上班，而且有时市场开盘后，他就会出现。一旦出现在办公室，他预计会将80%的时间用来阅读，且推荐每天阅读500页的内容。有时候，他会请别人去麦当劳吃午餐。下班后，他会打桥牌或弹奏尤克里里。而且他每天晚上10:45都会准时上床，以便获得8小时的充足睡眠。巴菲特每天可能会花两三个小时的时间来做我们大部分人认为的"实际的工作"，而且他身价预计为870亿美元。除了食谱之外，他可以说是成功的典范了。

▌唐宁茶：茶就是答案

　　乔治·奥威尔喜爱饮茶。1946年，他在《标准晚报》上发表了一篇关于如何制作一杯完美茶饮的文章。在这篇文章中，他把茶描述为英国文明的支柱之一。英国人确实对茶有一种特殊的痴迷：英国人每年喝600多亿杯茶。这在很大程度上要归功于一个人和他的家族的努力，即唐宁公司的托马斯·唐宁，其公司持有皇家授权证，其产品更广为人知的名字是"唐宁茶"。他的故事始于1706年，当时他在海滨买了一家咖啡馆。此前，他曾在东印度公司的一名商人手下工作，在那里他了解了茶叶以及如何将茶叶进口到英国。咖啡和杜松子酒是当时最受欢迎的饮料，而托马斯·唐宁认为他的事业要有与众不同之处，于是决定销售茶叶，饮茶在当时的上流社会中越来越流行。到1717年，托马斯已经扩展到三个相邻的店面，并在216街的隔壁开了一家茶叶店，这家店现在仍然存在。在此期间的几个世纪里，该业务已经被唐宁家族扩展了几代：丹尼尔·唐宁1741年，玛丽·唐宁1762年（一位女性首席执行官！），直到今天，这家人仍在从事这一行业，史蒂芬·唐宁是该公司国际营销团队企业关系主管，也是一位调酒大师。自1985年以来，他一直从事这一行业，他的职责是在全球范围内传播唐宁公司的信息，确保该公司提供最高品质茶叶的承诺永远不变。我们在唐宁的安多弗总部喝了杯茶，和他聊了聊。

　　唐宁家族有一条重要的规则：你可能生来就是唐宁家族的人，但参与家族企业的经营是自愿的，完全发自于一种为世界带来好茶的热情。史蒂芬·唐宁在很小的时候就意识到，他想接管家族的生意——也就是八岁吧。他的父亲向他的学校捐赠了各种各样的茶叶，而他的老师在学期结束的时候，会安排品茶会来招待孩子们。从表面上看，史蒂芬可能并不是最严肃的学生，所以他的老师请他到前面给同学们讲讲每一种茶的情况，而不是让他在后面提出一些调皮的问题。这就是他灵光乍现的时刻：

史蒂芬·唐宁 我觉得我们那个时候有8种茶叶。包括绿茶、大吉岭茶和伯爵茶。我的同学们立刻就会想，"哇，真了不起"，一个8岁的男孩怎么知道这么多关于茶的事情？这看起来就像是把奶加到棕色的液体中，一个人喝、一个人说，非常简单。我记得当时还在想："别人怎么可能不知道茶？"后来我想明白了。如果他们不知道茶的话，那么英国的其他人也不知道茶了。可能世界上的其他人也不知道茶。那个时刻，我就知道我要让全世界都知道茶。

8岁就参加家族生意有点早了。史蒂芬知道，他还需要积累更多的生活经验。所以，当他在10年后完成学业之时，他在澳大利亚待了1年，干各种体力活、到处旅行并和当地人交朋友。这一经历给他的人生上了重要的一课：

我觉得我在澳大利亚学会了怎么成为一名出色的旅行者。与澳大利亚人一起生活过之后，你才能开始了解澳大利亚。然后你才能从本质上理解。他们才会让你参与进来，并让你有机会体会到超越表面的东西。如果你只是到一个地方拍几张照片的话，那不算是旅行。你只是看到了一些不同的东西，但那不是真正的旅行。

回国之后，史蒂芬曾尝试当兵。他觉得，参军能够让他获得所需的领导能力，让他能够教全世界的人学会品茶。但是他的参军之旅并没有成功。所以，他只身来到了伦敦，并找了一份财务顾问的工作。这份工作很有意思，但还不是他想要的东西。

在1985年，他的父亲给了他一个机会，让他在茶叶经销商那里做学徒，从不同的角度来了解家族的业务。斯特兰商店的经理突然离开了，所以史蒂芬来到这里帮忙。

后来，因为公司在伦敦北部的销售代表快退休了，所以史蒂芬又被调到那里去填补空缺。在这个岗位上他一干就是9年，负责接待客户和发布信息，然后进入了营销团队。随着他父亲退休的临近，史蒂芬开始接触其他的业务：

我花时间跟品茶师在一起工作。我觉得我今天不会这么做，但是我以前能操作茶包机，所以我花了一些时间来了解生产以及我依赖的所有部门。我后来去了印度和斯里兰卡挑选茶叶，看看茶叶是怎么生长的，目睹了种茶的过程和复杂性。然后从1997年开始做现在的工作。按照计划，我的工作与我父亲的工作有一些重叠，这在当时是很好的，因为我能跟他一起工作了。他给我上的最好的一课就是让我为他组织活动，因为如果你只是来做演讲的话，你会认为很容易完成。如果你做过这项工作，那么你就会欣赏一个好的活动，因为你知道需要为此付出多少努力。

这种子承父业的情况在现代的商业社会中是很少见的，但是给这两个人都带来了好处。史蒂芬的父亲能一步步地从业务中退出，而不用将业务完全牺牲掉。

而且史蒂芬能够逐步地进入业务，获得他所需要的知识和自信。他在孩提时代就逐步进入了茶的世界，而在年轻的时候就逐步进入了业务之中。随着时间的推移，他逐步了解了世界及世界上的许多文化：

他退休了，整个世界都是我的了。当我开始旅行的时候，前几站选的是挪威、瑞典和芬兰。

3年之后，我加上了澳大利亚，然后是中东和远东。我陷入了想要支持尽可能多的市场的困境里。我进入了国际团队，因为这样做更有意义。

我最有意思的一次经历可能是在日本。在一个周五的晚上，我和一家合作公司的老板把他的团队带到了当地的一家餐馆里，我们在那里畅饮了许多啤酒，享用了大量美食。但是，让我着迷的是，在这两个小时的时间里，团队成员能够向老板畅所欲言。被允许加入家庭或团队是真正的旅行。这是一种真正令人着迷的体验，能够让你了解人们是怎么想的。

最初史蒂芬·唐宁想让全世界都了解茶，但是到最后他却了解了世界，不仅是在茶上，还在茶所在的更广阔的文化背景之中。

这是一个非常棒的世界，在这个世界里，英国人（和爱尔兰人）具有古怪的特点。我们基本上都会在茶里加牛奶。但是世界上其他地方的人喝茶的方式却大不相同。

尽管存在这种文化背景的多样性，但是唐宁仍成功地建立了一家大不列颠公司，能够向全世界的115个国家出售茶叶。这种成功产生了对高质量茶叶的承诺，但是如同想要了解他们的茶叶所接触到的市场文化的愿望一样，他们自己不仅仅满足于理解"消费者"。

有一种观点认为，随着年龄的增长，我们的学习能力会消失。但是史蒂芬对此并不认同。他将大部分的时间用在了茶上，却比以往对茶更加好奇。他还将很多时间用在旅行和体验其他文化上，但是他的食欲没有半点减少：

我在茶叶行业花了如此多的时间，所以我现在能告诉你我不知道的关于茶叶的事情，这让我有机会去探究一番。我指的是，在中国还有很多茶园，而且这些茶园都有很美妙的故事——如铁观音茶等。我们为营销团队提供了一门课程，基本上会持续一个月的时间。但是对他们的要求是能够在课程结束时站起来说："我现在知道了过去不知道的东西。"

随着年龄增长的不光是智慧。随着我们了解的知识的增多，我们的洞察力会让我们提出新的问题，从而产生前所未有的好奇心。这就是像史蒂芬·唐宁一样的人会穷极一生来追求一件事情的原因。他会成功地向全世界的人教授与茶有关的知识吗？他确实取得了巨大的进步。而且他还有足够的时间。

本章结语

我们的学习能力会随着年龄的增长而提高。

PART 09

与克雷格·史密斯（Craig Smith）
和伊恩·伍夫（Ian Woof）的对话
Ownable共同创始人

你的
生意中有哪些是没有
人会错过的东西

我们都喜欢问这样的问题。最初的回应通常是一些关于营销部门（"木偶"）或人力资源团队的比较粗鲁的说法（一位客户称之为"人体残骸"，而另一位客户称之为"几乎没人没资源"）。大部分企业都有几十个甚至是上百个意图很好，但是与企业的最重要策略没有什么关系的项目或计划。这些项目数量庞大且多种多样，包括赞助体育赛事、营销噱头、研发噱头以及最让人讨厌的开不完的例会。这个问题通常会揭露很多毫无意义的行为，而与之一同出现的，则包括内部的争权夺利、企业惰性等问题。剔除这些东西一般不会使企业发生彻底的改变，而是会使工作变得更加愉快。

有一个人对企业应该消除什么的问题有更激进的回答：客户数据。他并不是开玩笑。这个人是哈佛大学贝尔克曼互联网与社会中心的毕业生、《Linux操作系统期刊》的主编以及加州大学圣巴巴拉分校信息技术与社会中心的研究人员。他的名字叫多克·希尔斯，而他的观点是企业采集和使用客户数据的方法是有问题的、达不到预期的效果且不可持续的。他认为，企业倾向于将客户数据看作"抓住"客户的方法，这从营销人员使用的语言中能看出来：我们"瞄准""获取""管理""留住"客户。多克·希尔斯将这种情况说成是一种企业神经病。

所幸的是，他还认为这种精神病是暂时的。

他这种说法的原因是人们会逐渐开始重新掌握和控制他们自己的数据。数字企业观众项目在2018年进行了一项研究，发现25%的台式机用户和8%的移动终端用户会使用广告拦截软件。欧盟在2018年5月也引入了《整体数据保护规定》，使人们拥有了相当的权利，来对其数据进行收集、存储和删除。在多克·希尔斯眼中，未来人们将对其数据拥有足够的控制力，而且能够用数据说明其意图，并创造他所说的"意图经济"。在这样的未来，如果我想给家里买盏台灯，我只需要用个人数据工具把我的意图发送到市场上就可以了，然后就等着供应商以更快、更可靠、更便宜且更方便的方式向我进行推销。

多克·希尔斯并不孤单。美国经济学家、《好言相劝》的联合作者理查德·塞勒同样认为未来的消费者将更聪明，也更有能力。在2013年《哈佛商业评论》的一篇文章中，他提到了全球定位系统（GPS），因为GPS自2000年向企业和公众免费开放之后，让美国的国内生产总值（GDP）增长了大约0.4%。塞勒对未来的看法就是，数据披露方面的改变将会刺激一种叫作"选择引擎"的新型服务的发展，它会帮助消费者根据他们的数据做出更好的选择。在这样的未来中，我将能够分享我的电话使用数据，从而让各移动公司竞相根据我的使用方式向我提供一种定制的关税。我的理财选择引擎会定期切换为我提供银行账户、按揭贷款、存款账户和信用卡的公司，所以我总是能够根据我的消费和储蓄目标，以最佳利率获得收益。

在这样的未来，各公司不会通过竞争来"拥有"客户和客户数据——他们将通过竞争来以更有用和更友善的方式接触、组织、分析和展示客户拥有的数据和开放数据。客户在意图经济中将有更多的权力、话语权和自由度。但是，对各公司来说，也有潜在的好处。现在，因为与我们打交道的所有公司都在通过相互竞争来"拥有"关于我们的数据，所以任何人都无法从对我们行为和意图的单独或完整的观点中获益。我的超市忠诚度活动能够获得关于我的杂货支出的详细信息，但是对于我在其他超市、便利店、咖啡厅、酒吧和酒店购买的食品和饮料却毫无头绪。美国快递公司能够分析我的信用卡使用情况，却不了解我每天的零钱花销。在意图经济中，我可以通过选择引擎来分享我的数据，从而帮助我信任的组织机构来提供更适合我的需求的产品和服务。

这样的未来能否实现?

意图经济的支持者认为，这样的未来必将到来。政府的规定越来越关注保护个人隐私和开展公开数据活动，从而对数据的构建和分享方法进行标准化。算法精密度的增加、机器学习的出现、数据存储成本的降低和数据处理能力的增强，也预示着意图经济的出现。但是还有一些限制因素，其中最重要的就是各公司不愿意放弃对数据的控制权。我的手机服务公司不太愿意与其竞争对手分享我的使用数据，只有在被强迫的情况下才会这样做。这里的一个大问题就是，政府和公众是否愿意促使这种情况实现。出现的预兆是好的。在欧盟发布第二份《付款服务指令》（PSD2）之后，英国大约90%的人都获取了开放的银行服务。这种情况会激起一波创新，其目标是改善选择、增加英国银行业的效率并降低成本，而且还会在提升打击造假、洗黑钱和逃税的能力方面，带来更多的社会福利。

▎Ownable：行动中的意图经济

　　克雷格·史密斯和伊恩·伍夫并不是我们想象中的典型的技术企业家。他们不是千禧一代，不会流连于肖迪奇的咖啡馆蹭免费Wi-Fi，我们不会在技术加速器项目中见到他们，而且他们也从来不穿紧身牛仔裤。他们都是非常博学且连续创业的人。史密斯从事的是产品和网络设计，但是也接受过律师培训。伍夫的工作是网络连接、制图和软件构架，后来开始从事私人投资、退出策略和投资者准备顾问工作。这两个人都有相互接话茬的习惯，所以在我们采访的时候，很难弄清楚到底是谁在说话。

　　Ownable在发展到今天的样子之前，曾经以多种形式存在。其文化传承纷繁复杂——史密斯最开始开发这项技术的目的是帮助艺术家们在网络上展示其作品。伍夫加入之后，这项技术的应用开始朝着更商业化的方向发展：将广告转化成互动，可以通过广告直接购买，而不需要上网去搜索。还不明白？很多人都有这种困惑。这是一个非常远大的想法。但是现在是非常难以理解的。他们一开始与投资者的见面通常会持续两三个小时：

　　伊恩·伍夫　第一次投资会议持续了好几个小时。我们的听众非常投入——他们没有让我们离开或缩短会议时间，但是一位投资者告诉我们："我知道你们有想法，但是如果你们走了，我就没办法把你们的想法说给别人听。"所以在会议结束后，我们说："好吧，咱们得把整个东西简化一下。我们需要能够以新颖的方式把这个想法对别人讲出来，从而让他们了解其本质。

意图经济就是他们想法的核心。他们想要用他们的技术来帮助人们意识到他们有需要的时刻，来购买所需的产品。所以，他们会问自己，这个时刻最有可能在哪里发生。一开始的投资者会议非常难开，因为他们的概念太宽泛了——他们想要在所有类型的媒体上使用他们的技术，从广告牌到杂志和电视广告。所以他们决定将注意力放到一种媒体上：杂志。

你不能一出门就跟人说："看这个东西能改变世界。"我也很喜欢我们做过的一些东西和做这些东西的方法。但是，首先要做的是不要把你能做到的99%的事情告诉别人，而是要专注于我们能够以最简单的方式描述的事情。我们关注杂志，将其看作灵感的来源。在英国，现在每年仍会卖出去5300万份杂志。杂志的背后是一些专业人士，他们的工作就是编辑杂志的内容。他们的读者有很多，但是他们不会主动出售。他们让人们购买杂志的机制非常差劲。如果你看到一页内容，你得花20分钟的时间才能弄明白他们在说什么，然后再买。

他们为他们的公司起了一个新的名字，来帮助人们了解这一新的关注领域：SeenInPrint。他们还决定将重点放在大出版商身上。重要的是，他们描述了他们的技术能够提供的单一、简单的好处：即时性。

通过一个简单的应用，任何杂志的读者都能立即买到他们相中的产品。该产品的供应商会在客户有灵感的时刻收到订单，而不是靠读者记住产品并在网上进行寻找。而杂志的出版商则会收到关于页面和产品流行度的数据，然后可以用这些数据来增加广告商和编辑团队的价值。从理论上说，SeenInPrint是目前正在运行的意图经济的三赢例子。实际上，史密斯和伍夫需要开发出一种方法，来体现他们的即时性所能提供的核心利益：

我们一开始的时候通过展示来召开出版商会议。这是你的杂志，这是杂志在应用中的情况。我要购买这个页面上的某件产品。买高了。这个时候你会说："我刚为你赚了这些钱。你知道我已经看过这一页了，而且你在一次交易中实现了订阅价值。"我们真的不需要解释太多。而且在一个演示文档的世界里，实实在在的东西真的很有说服力。在接下来的展示中，我们会把电子表格打到屏幕上，并说："我们的模型会说，我们觉得每一个53岁的人都会买价值480英镑的东西，这是产品的平均价值。"而且，如果这是真的，那么你就能赚这么多钱。这是一个银行的模型。你告诉我们你在想什么。有一位出版商说："我觉得我每年可能会买四五件我在这里发现的东西，但是这些东西可能不到480英镑。可能是150、200、250英镑。"我们把她的数字输入进去，对她业务的出资以百万计。这已经超出了她所在机构这一年的总收益。

他们新的思路交流方法开始有了回报。出版商同意进行小规模的试验来证明这个概念。这个想法的简便性非常吸引人。不需要出版商进行任何投资，只需要在相关杂志上对这款应用进行宣传，并说明在什么地方能买到这些产品，然后每件产品出售所得的利润在出版商和

SeenInPrint之间平均分配。这个商业案例是非常吸引人的，而且出版商会议一直持续到史密斯和伍夫展示SeenInPrint的标志。这个标志类似于一种报纸的标志：不太吸引人，不太漂亮，也不太有意义。这个想法已经演变成了一种非常简单的东西，而且经验的品牌推广也应该效仿。因此，Ownable的标志诞生了，而且还设计了一种身份识别系统，来展示"点击页面即可购买"的购物体验的简单性。这个标志本身就像是一种接受的标记——史密斯和伍夫会经常提到"无接触"标志——可以用来在封面、页面或物品上说明可以提供服务。

与简化该技术的营销方法一样，他们也重点强调如何保证体验本身能够实现承诺的即时性。在其发展过程中，对该应用增加了很多功能。有一些是按照出版商的要求添加的，而且他的一些功能是在考虑如何让体验变得更精致之后添加的。最终，史密斯和伍夫重新将功能性调整回了能够实现无摩擦购物的功能上——将所有能影响即时性的东西都隐藏起来：

你忍不住会想加点东西。我们开发了一种复杂的系统，可以将物品保存到列表中，然后与一两个人进行分享。这些想法很好，却偏离了我们的核心信息，因此我们将其隐藏了起来。我们没有拿走这项技术，但是我们拿出了信息。

发布Ownable遇到的最大的挑战就是获得产品供应商的支持。很多供应商会有各种各样的担心，比如认为Ownable会干扰其现有的供应机制。在很多情况下，产品是通过特许商店或复杂的渠道合作伙伴来提供的，他们认为Ownable是一种威胁，而不是增加销量的来源或获取产品潜在需求的方法。在很多方面，这可以用来研究意图经济中存在的障碍：更有效地满足需求包括打乱供应方的渠道和关系，以及加强组织之间的合作。在这一情况中，出版商、产品供应商和杂志读者都有可能受益，但是这也意味着需要学习新的方法来进行三者之间的互动。Ownable的作用就是让这些新的互动和交易尽量变得简单和有效。

Ownable模型的真正好处在于，它能提供丰富的数据来源，这些数据可以随着时间推移让体验变得更简单和有效。记者们能够了解其评论的影响力。出版商能够帮助广告商了解如何提升其营销投资的回报。而供应商则能更了解客户的情况：

我们低估了通过实践获得的数据的价值。在过去，所有的出版商都只关心杂志印了多少份、卖得怎么样以及订阅杂志的人在干什么。在我们第一版上线三四天之后，我们可以向出版商展示他们最受欢迎的页面和产品。他们说："对的，我们想要在圣诞节前再试一两次，因为我们想再了解一下。"出版商最喜欢做的事就是找回以前拥有的广告收入。如果这些数据能够帮他们重新获得市场，他们就会说"我们的读者喜欢你们的东西"，我觉得我们能够吸引广告，而且也能支持他们的广告和评论。

Ownable在发展过程中面临的最大挑战就是继续抵抗使其变得复杂化的冲动。他们的技术应用能够超越现在的目标领域。因此，他们还有很多潜力能够增加各种功能，来满足除即时性意外的更复杂的需要。但是每增加一项利益，就会让业务变得复杂一分。所以史密斯和伍夫有一个不成文的座右铭："快速、点击和简单。"如果他们不能继续遵守该座右铭，那么一切都会失败。

本章结语

复杂性是劲敌。

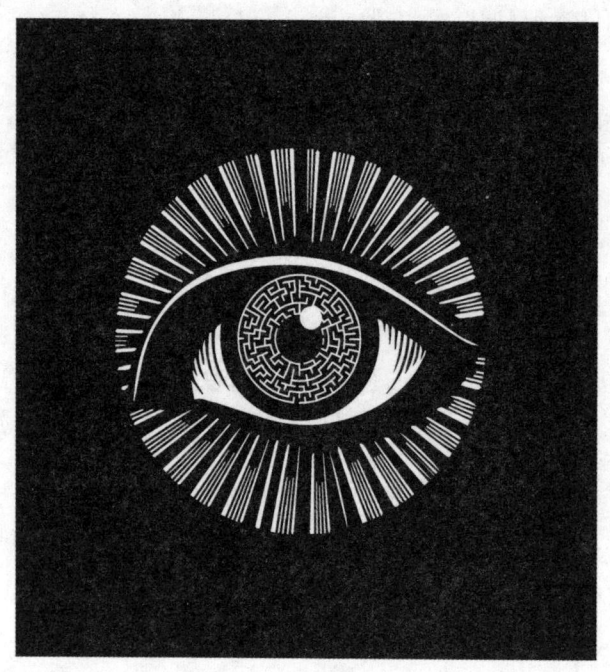

PART 10

与艾米·托姆（Amy Thom）的对话

盖普欧洲公司营销主管

让你的
企业可靠或创新
是不是更重要

为什么会有人反对创新？他肯定是疯了。增长绝对是企业获得价值的基础。如果没有增长，那么就不可能招聘到人才，或产生吸引投资者和保持企业长久生存的利润。如果要实现增长，那么企业就必须预测到未来客户的需求和动机——超越今天的工作方式并发展出新的方法来满足未发现和未满足的需要。

对创新的需要是不言而喻的，以至于我们很少会提出质疑。结果，我们所有人都在疯狂创新，认为企业如果不能创新，就会失败，这样的例子有很多，如沃尔沃斯、拍立得、柯达、美国在线和百视达等。以前常说的一致性和可靠性则靠边站。在这样的环境中，失败既是不可避免的，也是可以接受的——人们经常会说"不创新就死亡"。

创新不是比赛

一份2018年关于创新失败的常见原因的尼尔森文章预计，80%~85%的快速消费品发布会失败。这篇文章认为，造成这种失败的原因一般是主要关注小范围的需求，而牺牲了大范围的需求、认为产品上市的速度比产品体验的质量更重要，而且提供的营销支持不充分。换句话说，各企业的创新太多太快，而他们的创新如果能够慢一些、可靠一些的话，结果将会更好。似乎对创新的过度消费让我们忘了那句"欲速则不达"的老话。

2014年，吉尔·勒波尔在《纽约客》上发表了一篇名为"扰乱机器"的文章，对人们对创新的狂热追求进行了猛烈的抨击。

在这篇文章中，她指出，在过去，"创新"一词指的是毫无意义、毫无目的的新奇之物。创新会引起怀疑。乔治·华盛顿在临死的时候，警告世人不要对政治进行创新。勒波尔同样对创新具有怀疑态度："用'创新'代替'进步'避开了某种新奇之物是否是进步的问题：世界可能没有变得更好，但是我们使用的设备却变得更新了。创新就是进步的概念剥夺了启蒙的愿望，消除了20世纪产生的恐惧并掩盖了其批评。"

这篇文章甚至更严厉地批评了"破坏式创新"，这个概念是克莱顿·克里斯坦森在他1997年写的《创新者的困境》一书中提出的，这个概念描述的是将低价值、低质量的产品引入到市场中来吸引一小部分低营利性的客户，然后最终消灭了更昂贵的现有企业。随着时间的推移，这一概念演变成了对承诺与过去实现彻底分离的创新的描述：智能手机、网约车、可佩戴的技术装置、3D打印、自动驾驶车辆、物联网和扩张的现实。

大部分创新都会失败，但是破坏性创新是不一样的。"标准"创新只不过是将一些新的东西引入到市场中——根据数据来看，这些东西一般是渐进式的或毫无意义的，而且必将失败——破坏式创新的目的是引入一些创新中强有力的子类别，这些东西有可能颠覆它所在的大类别。

破坏性创新更灵活多变，会以釜底抽薪的方式击败目前还沾沾自喜的大企业。因此，它们必将成功。优步、爱彼迎、网飞和苹果手机都是破坏式创新的亲儿子，这些东西从根本上与每年都会失败的数以千计的普通创新不同——例如独角兽星冰乐、能连接无线网的榨汁机和紫色的番茄酱等。

问题是，破坏性创新者们只能在事实发生之后才能被别人认可：

每个像苹果手机一样的成功故事背后都有100次像牛顿一样的失败，未能实现其破坏性承诺。

我们极难预测某破坏性创新将来能否成功。在2007年6月，《商业周刊》对克莱顿·克里斯坦森进行了一次采访，让他谈谈他的破坏性创新理论是否能够预测苹果手机的未来。他的预测非常阴暗："苹果手机相对于诺基亚来说是一种持续的技术。换句话说，苹果因为做出了更好的手机，所以在持续性曲线上大幅领先。但是这一理论的预测是，苹果公司无法凭借苹果手机取得成功。他们发布的创新是该行业中现有参与者的攻击对象：并不是真的具有破坏性。历史不止一次地证明，成功的概率总会受到限制。"

破坏性创新可能会从另类且吸引人的名称以及更猛烈的市场营销中获益，但是其失败的概率并不比标准创新或持续创新低。最终，创新（包括破坏性创新及其他创新）似乎被夸大了，而且还促进了已成立的企业中的偏执性，而这些企业还没有做好在数字时代进行竞争和取得成功的准备。

埃伦伯格–巴斯营销学研究院在2017年进行了一项研究，该研究证明，对稳定类别（快速消费品）中的大品牌的扰乱威胁被夸大了。大品牌的份额有可能增加，而不是减少，而且他们更有可能败在自身品牌的竞争中，而不是新兴企业的手下。另外，没有证据能证明人们常说的一些观点，如品牌忠诚度正在下降、年轻人会拒绝大品牌或数字媒体打破了力量的平衡，让更小、更灵活的品牌和企业获得了支持等。

根据数字营销研究院的数据，2017年最具影响力的三个数字活动分别是由《时代周刊》、喜力和古驰开展的，这些都是我们认为面临更小、更灵活的数字竞争对手威胁的老品牌。

　　拥有悠久历史且让人熟悉的大品牌不会被人轻视的。我们并不是在说创新不重要，而是在说其目标不应该是平息企业对干扰的偏执，也不应该追随最新的趋势。尼尔森的报告认为，创新不是解决很多企业仍面临的基本挑战的替代品。与其通过创新来满足新的未发现的需求，不如通过创新来以更可靠的方式满足大的已经验证过的现有需求，从而获得更多利润。

▍盖普：通过创新实现可靠性

盖普强调的是，在平衡可靠性和创新的前提下，保证业务的范围和寿命。这家公司是费舍尔夫妇于1969年创立的，在持续成功方面，只有西班牙的印地纺织、日本的快速零售和瑞典的H&M能够与之一较高下。我们与盖普的欧盟营销总监艾米·托姆进行了对话，了解了该公司如何在一个快速发展的世界中不急不躁地保持成功。让我们能够马上明白的是，盖普对其成立时的理念毫不动摇，即便在半个世纪之后，费舍尔夫妇在一开始提出的这些理念仍然能够在该组织中凸显出来：

艾米·托姆　盖普在这一行业中已经发展了近50年，而且我们一直在考虑如何让下一代人和下下一代人接受我们的品牌。我们的品牌价值与各年龄段的人都有关系，但是我仍觉得我们的客户比较在意快速时尚。我们以我们经典的标志性方式提供产品，这是我们的承诺。我们也会有季节性和趋势性的产品。但是我们不会只注重速度。

盖普与伍德斯托克音乐节是在同一年成立的。但是无论从哪一方面看，费舍尔夫妇都是那个时代的代表——先进且关注社会和环境，对包容性和社会参与做出了强大的承诺。1976年，也就是在盖普公司上市一年之后，他们共同成立了盖普基金会，时至今日，多丽丝·费舍尔仍参与其中。基金会的目的从来不是创造一个引领趋势的品牌，而是向每个个人提供更好的选择和质量。艾米·托姆的作用就是用一种既尊重过去又与新市场和新受众有关的方式对这一遗产进行转化：

> 对于大部分人来说，盖普是一个传统品牌，而我就是这个品牌的守护者。我们一开始的目的、我们的信仰和价值观，在今天仍然是该品牌不可分割的部分。我们的历史成就了我们今天的样子，而我的作用就是把我们的品牌故事不断地告诉新的消费者、新一代的人和新的市场。你怎么才能为新一代的盖普客户建立一个有意义的品牌，并且还要注重为现有客户提供的服务，让他们不断地回来推动流量和产生销量？我的作用就是回答这一问题。

与平衡过去和现在一样，这也意味着用对可持续成功的长期渴望来消除时尚零售所产生的短期压力。很少有行业会像零售业这样有压力和紧迫感，在零售业，销量是按天、按周、按季度和按年评估的。实现短期增长和证明长期设想的压力会让人无法承受。对于某些品牌来说，这种压力是灾难性的：

自2015年以来，西尔斯百货、罗克波特、玖熙女鞋、纯真信仰、美国服饰和极速骑板等企业相继破产或申请破产保护。司各特·菲茨杰拉德曾写道："对一流情报人员的测试，就是看其能否在脑子里同时记住两种相对立的想法，并且仍然有能力发挥作用。"对于零售业来说，情况也类似。对于一流零售商的检测，就是看其能否同时考虑长期和短期，并且仍有能力运营：

在全部时间内你都必须以两种速度工作。每天、每周和每月，我需要为我们的客流量和销售业绩负责，而且我们一直都得平衡每天的业务需求并保证让我们的品牌与今天、明天和以后有关。但是，短期和长期并不相互排斥。我们的很多短期策略都是为长期发展制定的。例如，开发我们的数字能力就让我们能够以更平稳的方式用两种速度工作。

盖普之所以能够平衡长期和短期，部分是因为其目标客户并不是很渴望新鲜事物。盖普的目标人群大部分已经习惯了其生活方式。因此，盖普的目标是成为人们展示个性的舞台，而不是仅仅提供他们想要的产品。这意味着，盖普的创新不太关注吸引注意力，而是更关注提供更好的舞台：

我以前为一些行动更快的品牌工作过，在这些公司里，你必须不断创新，因为这是人们希望你做的事情。而在盖普，只要我们能够提供这样的舞台，我们就能围绕着它来进行创新。盖普将其称为持续演变。我们会不断前进。我们经常谈论破坏性创新——我们也非常关注周围发生的情况——但是我们对客户有承诺，这就意味着，我们必须花时间来跟随客户的步伐，而不一定超越他们。

其结果就是，创新和可靠性在盖普并不矛盾。可靠性是最终目标，而创新是实现更高的可靠性的方法。如果说破坏性创新是明显的，那么盖普集团进行的渐进式创新基本上是看不见的：

在盖普，可靠性真的非常重要，而且当人们来到我们店里的时候，他们需要的是高质量的产品，是适合他们的产品，是适合的产品的可靠性。你可能想要一条适合自己尺寸的紧身牛仔裤，而且如果你想要一条不同类型的裤子，那么也会找到适合你的尺寸。你可能希望在这里能找到一件完美的汗衫、有经典标志的连帽衫或你喜欢的牛津衬衫。这些产品都是非常可靠的，但是我们也在不断寻求新的好方法，从幕后提供这种可靠性。客户在盖普不一定能看到在分销中心、工厂或我们使用的画布或其背后设计中出现的创新，这些创新能够给你一条经久耐用的牛仔裤，但是提供的方式将变得越来越好。在幕后，我们正在不断进步。

盖普的创新与腾讯的一样令人印象深刻，但是大部分都是默默无闻的：劳动布的智能清洗过程能减少20%的用水量，而且已经节约了大约6000万升水了。塑身牛仔裤中加入了略微不同的纺织布，让你的臀部曲线更加挺拔。而且在2016年的一次火灾之后，盖普在纽约费什基尔最大的营销中心之一重新开张了，而且配备了新的仓储技术，其效率和速度实现了大幅提升。

支持这种渐进式改进方法的是倾向于边际收益的文化：以最低的成本尝试新鲜事物、测量成果然后共享结果并从中学习。这种方法借助了目前时尚零售界中快速但粗糙的反馈循环的优点：

我们每天都在尝试新鲜事物。从营销观点来看，我们一直都在尝试新的渠道、新的产品、新的信息和更具有创新性的方式，来与我们的客户互动。而且我们也非常注重分析，以此来确保我们能够了解哪些工作能够奏效，哪些不能奏效。我们的一些想法能够发挥作用，而有些想法则不能，但是所有这一切都是一种学习的过程。我们关注的是测试新的方法，来实现实体店和网店之间的无缝连接。说实话，我觉得任何零售商都做不到这一点。零售的魅力在于，客户能够很快地告诉我们他们能接受我们的什么以及不能接受什么，这也是让我们不断进步的动力。

在某种程度上，这种创新的方法已经融入到了该公司的报告过程和方法之中，其中包括一种名为"后见之明"的文件。每个月，部门领导都会用这个文件分析这个月发生了什么情况、哪些想法奏效了、哪些没有奏效以及从中学到的东西。然后，我们每个月都会分享这些文件，并在每个季度对重大主题进行一次汇总，然后用来制定整体的策略。像这样的活动会促进我们形成一种工作文化，来重视反馈信息，而且能够严格慷慨地分享我们的知识：

我曾经在一些企业工作，在这些企业里，人们不会严肃地执行这一过程，而在盖普，这种总结的过程是非常彻底的，而且会通过这种持续改进在员工之间进行传递。这是一个人来做的工作，所以要进行很多谈话，也有很多关联。作为一种文化，我们要不断地分析我们在做的每一件事情并提出质疑。我们非常好奇。我们会问："我们能够学到什么？""我们下一次怎么才能做得更好？"例如，我会定期地与我们在日本和美国的同事进行谈话，来了解他们正在开展的新活动，并发掘我们相互之间能够学到什么。这种做法的关联度很高。如果我们发现日本那边做了一些很好的活动，那么我们就会在我们的市场上进行效仿，甚至还会做得更好。我觉得这是一种良性的竞争。这种竞争会迫使你想要尝试并找出以后的伟大想法，以及开展新的活动将这种想法变得更好。

盖普的成功就是这种循序渐进且兼容并包的创新方法带来的：一种能够保留有用想法和改进无用想法的能力。虽然这种学习和检测的文化包含着勇气和尝试新鲜方法的意愿，但是其最终目的是提高可靠性，并保护品牌及其成立的准则。边际收益的概念最近似乎不受欢迎了，但是盖普向我们证明了，即便在一个竞争如此激烈的环境中，循序渐进的创新也能实现可持续的增长。创新偶尔会以突然的方式出现，但大部分时间是看不到的，幕后的改进才能真正地实现带来成功的改变。

本章结语

慢慢地进行创新。

PART 11

与海莉·米勒（Hayley Miller）的对话

CH&CO营销主管

你的品牌与你本人都被客户讨厌哪种情况更糟糕

变得讨厌是一件坏事吗？在一个纷扰的世界里，反应迟钝绝对是不可饶恕的。在2018年的一次会议上，一位分析人员向特斯拉公司的创始人埃伦·马斯克提出了一个比较傻的问题：你们公司短期内需要多少现金？马斯克毫不客气地回答："这种傻问题最好别问。下一个。"

别让人"讨厌"现在已经替代了别"变坏"。但是在这个要么捣乱要么就死的世界中，变革就快发生了：讨厌可能已经变成了新的问题。在马斯克发飙前的一个月，乔纳森·马戈利斯在《金融时报》上发表了一篇文章，认为最可怕的事情就是经历一次复兴。这篇文章列出了很多单调乏味的创业公司后来发展壮大的例子：网上热水器经销商家树在两年的时间里营业额就超过了100万英镑，并且聘用了45个人；网上床垫销售公司辛巴预计明年的床垫销售额将达到3100万英镑；而新建的公司Mahabis已经卖出了8000万英镑的拖鞋，以及舒适的UGG靴子和好看的洞洞鞋。

接纳讨厌艺术的公司都有一种自相矛盾但令人兴奋的东西。这是一种有诱惑力但是自相矛盾的逻辑：迷人平淡的行业会激起更激烈的竞争——谁不想成为技术创业者、时尚设计师或餐馆老板呢？但是，虽然每个人都像飞蛾扑火一样被吸引了过去，但是对于那些对讨厌的事情具有高容忍性的人来说，还有足够的空间在热水器、床上用品和拖鞋这样的领域发展起来。

纽约大学营销教授斯科特·加洛韦也同意这样的说法。在2016年脸谱网的现场采访中，他认为："如果没有听到一些能让我想自杀的事情，那就是讨厌了，我闻到了钱的味道。" 加洛韦认为，这些行业就像是资产课程：有很多人蜂拥而至但是都失望而归。"每个人都想进入的行业只能产生最低的回报，因为每个人都想进来，这意味着如果你想要过得好，就得有一番作为。"

很快，我们将不得不变得讨厌，而这只是为了生活。

但是，一旦所有人都看到了好处，并蜂拥到所有这些讨厌的行业中，会发生什么呢？家树、辛巴和Mahabis的例子就说明这可能已经开始了。你将被迫寻找更讨厌的方式来过上好生活。而对于我们之中那些宁愿在有兴趣的领域进行耕耘的人，还有什么希望呢？

在"想让人自杀"式的讨厌和像马斯克一样的超级表演技巧两种极端情况的中间，有一种处理讨厌的简单方法。格兰特·卡多尼在2010年写的书《如果你不是第一名，那你就是最后一名》是《纽约时报》的畅销书，而且他本人也是知名博主、会议发言人且在2017年被《福布斯》评为值得欣赏的市场营销人员第一名。

在2018年接受《福布斯》采访的时候，卡多尼解释了为什么"讨厌"对于我们之中位于钟形曲线顶峰部分的人没有用处，以及我们为什么不需要被别人喜欢或尊重就能成功："人们过去曾说，'人们跟他们信任的人做生意'，但是现在，有了社交媒体之后，我们会说，'人们跟认识的人做生意'。人们认识我，而且现在，这比人们是否喜欢我更重要。如果人们不喜欢我，也会继续选择与我做生意。如果人们不认识我，那我连机会都没有。"

人们对品牌的认知对于成功来说真的很重要吗？有了这种认知只能算是赢了一半，但是在卡多尼的情况中，信任似乎起到了钱的作用：只有拥有信任的人才觉得信任不重要。很难说像格兰特·卡多尼、埃伦·马斯克和斯科特·加洛韦这样的人是否只是空想主义者或是油腔滑调——差别在于我们是否选择信任他们。卡多尼和马斯克认为，外向对于业务来说是件好事。加洛韦和马戈利斯似乎更喜欢信任勤奋的人，即便看起来不怎么引人注意。

谁是对的？

在2012年5月，《澳大利亚基础应用科学杂志》发表了一个由两名伊朗学者进行的研究——Ali Sorayaei和Marjan Hasanzadeh，他们研究的主题是品牌个性和信任之间的关系。他们设计了一份关于雀巢品牌个性和信任的问卷，并随机分发给150名参与人员，请他们填写问卷。个性说明中包括对真诚、兴奋、能力、创造性、复杂和内向性的测量。通过数据建模发现，每个个性属性都与品牌信任有正向的重大关联。换句话说，品牌的年轻和有个性并不妨碍其被别人信任（这两个词都被加入到了"兴奋"的个性测量中）。但话又说回来了，被视为内向的人也是一样。

然而，数据模型显示，"内向"是与信任的关系最弱的个性属性。这意味着，令人讨厌的品牌与令人兴奋的创造性品牌相比，会更难以让人信任。不用感到惊讶，在所有个性因素中，"能力"对信任的影响最大——如果你够讨厌，那么完全有可能产生信任感，但是如果你性格外向且令人兴奋，这种情况更有可能发生。

所以不要让人感到讨厌！

CH&CO：如何通过勇气来建立一个品牌

在实践过程中，平衡创造性、兴奋和信任是很困难的，尤其是当一个组织在分析人士、媒体和公众看来达到一定规模和水平的时候。CH&CO面临的正是这种挑战。作为英国最大的独立饮食供应商之一，该公司每年的营业额超过3亿英镑，员工超过6200人，共有750家门店。海莉·米勒是CH&CO的营销总监，而且自2017年加入该公司以来，一直都将品牌推广作为激励公司各级员工的一种工具，与客户、投资者和合伙人之间建立了更强大的关系。

从公司成立的第一天起，发展的重点就是在向全世界展示CH&CO的时候，要做出大胆和有目的的选择。这对于酒店行业来说并不常见。在酒店业，存在着一种从众心理，而且大部分竞争对手都在讲述类似的故事，包括富有激情的员工、来源正宗的原料和有创造性的天赋。这让他们感到安全，并看起来可靠。遵守这种套路能够帮助酒店在广阔的客户基础上建立可信度，包括蓝筹公司、律师事务所、工厂、学校、医院等。其重点是融入，而不是特立独行。但是CH&CO偏爱以一种更大胆的方式来发展其业务，而且依据的是他们能让客户建立自己的品牌的承诺，以及CH&CO能让这些品牌变得更具有吸引力和更有价值的作用：

海莉·米勒　我们的客户都有他们自己的品牌。他们需要向我们保证他们提供的服务能够体现出他们自身的价值。我们对此非常理解。我们会向他们提供服务。这对我们的任何客户来说都是相同的，无论是景点、生产企业还是律师事务所。我们代表的是他们和他们的品牌。但是，从我们所处的行业来看，如果我们令人讨厌，那么是绝对不行的，因为我们的行业非常使人兴奋。即便与我们打交道的是非常严肃的品牌，我们也需要挑战一下，来让人感到兴奋。

餐饮住宿行业的竞争非常激烈。可能曾经有一段时间，只是按照客户的期望提供服务就能建立一家公司，但是从CH&CO公司来看，情况已经变了。餐饮和住宿业已经出现了深远的变化。围绕着食物和就餐时间不断变化的文化、供应链的透明度以及可持续性、人们对福利和营养的态度、经济和技术变革已经从根本上改变了我们的饮食和娱乐习惯。作为英国最大的餐饮和酒店公司之一，CH&CO在发现和影响这些变化的过程中，既看到了责任，又看到了机会：

客户希望看到我们在那里，我们能够理解客户并回应他们的要求，我们能够超越某些趋势，而且能按照自己的节奏向前发展，不用考虑任何其他的东西。每天到现场来跟客户交流真的很有帮助。我们会深入了解我们的客户，而且得到的结果可能与客户的期望有很大差别。这可以让我们进行一些有意思的讨论，但是这就是深入了解能够做到的事情，或者说应该做到的事情。我们也必须听取客户的意见，并了解这些意见是从哪里来的，因为客户了解他们的品牌和文化。例如，作为一个组织，我们从根本上相信，福利是能够逐步改善人们生活的东西。但在我们工作的一些地方，客户对利福的渴望可能与消费者的需求不匹配。继续教育学院可能是一个很好的例子，他们会鼓励十六七岁的孩子在能吃得有营养的时候每天都要吃得有营养。

鼓励人们采用更全面和完整的方法来处理他们吃的东西是一个非常严肃的挑战。但是这并不意味着最合适的应对方法是严肃对待。CH&CO知道，只是尝试教育人们接受更积极的饮食习惯不太可能成功。相反，他们的处理方法是戏弄、诱惑和挑逗——提供可持续、有营养和更让人兴奋的饮食体验：

我们如何来平衡？这很难，因为我们得给我们的客户他们想要的东西。但是我们发现，当你能够提供价格合理、味道不错的食物时，结果很令我们吃惊。我们的大量素菜食谱最近一直都很火。我们就是想通过略微不同的方法来让我们的受众兴奋一下。

如要达到这样的平衡，就要深入了解人们的期望值——除了满足他们之外，用什么才能让他们更兴奋？这种深入了解构成了CH&CO品牌的核心：食物和饮料有一种让人惊讶的能力来影响我们的生活质量，不仅是在营养方面，还能从精神上让我们兴奋起来，并能把人们团结起来。值得注意的是，这种相同的深入了解适用于CH&CO服务的各类人群：

我们对吃的东西都有自己的看法，这就是为什么深入了解这个行业是如此的重要，因为有些人总会告诉你一些你不知道的东西。在我的职业生涯中，能够到军事基地的幕后观察士兵每天的饮食情况，对我来说是一种巨大的荣誉。能到学校里看到我们做的食物让孩子们高兴起来，是一件大事。我对我们所做的工作感到非常骄傲。我们都理解，你可以对一些人的一天产生积极的影响。我在想象那些能拥有美好早晨的人。他们能够吃到我们用整个早晨的时间做的手撕猪肉三明治。这其中包含了我们的才能、时间、能量和热爱。你可以把它拿起来，坐到一个角落里细细品尝。我就有过这样的体验。而且这就是我们想要创造的体验。

食物对人们日常生活质量的核心价值，让像CH&CO这样的公司不可能通过平淡乏味来取得成功。在公司的内部也是一样。食物能够建立人与人之间的联系——不仅仅是吃这些食物的人，而且还包括做这些食物的人。如果能够聘用并留住一群富有激情且才能出众的人，那么将会是一件非常棒的事：

最近我一直在跟我们的主厨们聊天，想找到是什么让他们如此兴奋。而且我们讨论了很多关于关系的东西：我们通过美食建立起来的关系，包括与家人的关系、与团队的关系，这就是你围绕着美食建立起来的圈子。在我们的厨房里工作的有母亲、儿子、父亲和女儿。我一直都在说层次感。这就是我们在味道中建立的层次感，但是同样包括我们正在建立的这些关系和圈子。你必须通过团队合作来实现这些东西，而且在这个团队中的每一个人都是非常重要的。

这种态度延伸到了提供婚礼或花园派对的团队中。我们的要求是，业务的每一个方面都要超过一般标准。我们的财务团队与健康安全团队也要像主厨一样对他们的工作富有激情。米勒在整个公司的作用就是保证每个团队的作用都能得到体现。而且CH&CO还指出，稳定的财务管理不仅仅是品牌吸引力的一部分，整个公司共同的责任也是一样：

我觉得，如果一件东西是平淡无奇的，那么我可能就不会喜欢。如果你是平淡无奇的，那么说明你没有把事情做对，因为每天都会出现打乱节奏的情况。客户必须对我们的财务状况有信心，并且要相信我们不会让他们的品牌面临威胁，所以我们必须面面俱到。我们不仅仅会谈论我们主厨的创造性。他们也是业务的领导者。他们负责设计菜谱，而且必须管理预算，来保护我们客户的预算。这是我们工作的一个重点。我们离了谁都不行。如果没有坚实的基础、良好的财务管理、采购、健康安全、领导层等，那么就无法维持这种兴奋、新鲜和创新的水平。

在所有这一切的背后，就是对成就源自细节的信仰。拥有皇室认证，标志着该公司对细节的绝对注重。在一个充满竞争的市场中，小小的进步会成就伟大的变化，而且这其中包括打造主厨和团队的纪律。CH&CO招聘的是愿意注重细节的人——这些人不但重视改善，而且对取得的成就真的感到高兴。就是这些东西把我们的健康安全团队和财务团队与我们的厨房团队和前台团队联系在了一起。但是，我们也看出，如果没有公司从上到下的坚实承诺，这种情况也不可能实现。CH&CO的首席执行官比尔·托纳在其职业生涯开始的时候是一位经过训练的主厨，而且在这个行业中备受尊敬：

我们公司的发展过程是很令人兴奋的。我们想做一些不一样的东西，我们的团队中就有这样的人。比尔和他在该行业中的名声是有目共睹的。而且他在公司内部的名声也同样很好。他有他的想法，但是他会认真听取别人的意见。他会从客户的角度了解整个公司发生的情况。他不会忘记这一点。他会走出公司与客户交谈，然后告诉我们那些我们可能不知道的情况。

其结果就是，重新创造了能够产生有意义的变化的公司。鉴于其规模，某些人可能会将CH&CO比作一艘油轮，但是实际上，它更像是一艘远洋客轮。无论在何时，英国几乎所有人都吃过他们的主厨准备的食物，或参加过CH&CO举办的活动。他们的目标很简单：保证他们提供的每一次体验都能让我们更高兴和更健康。这就是他们能建立一个庞大而不平凡的企业的原因：

20年前，当你看到一个全球大品牌的时候，可能会想：天啊，他们是如此遥远，而且缓慢。而现在，如果你看看谷歌和苹果，你会发现他们被视为创新和全球影响力的先锋。这就是我们的目标。我们虽然大，但是并不意味着我们需要成立公司，而只是意味着我们必须获得更多的动力。我们拥有的不仅是影响力。我们对于我们的规模感到兴奋和骄傲，因为这意味着我们每天都能为更多的人带来更大的变化。

无论你在哪个行业，都可以有相同的理想。在我们自己的行业里，我们经常会告诉客户，他们与我们的每一次会议，都应当是他们这一周的重点工作。我们知道，当我们不再令他们兴奋的时候，就是我们需要接受改进建议的时候了。反过来，当我们与客户一同来重新定位其业务的时候，我们设定的标准不仅是建立起业务的可信性或赢得客户的信任。这些绝对是任何公司都能做到的最低标准。一个真正伟大的企业的标志，是其能够激起好奇心和激发感情的力量——包括内部的和外部的。伟大的品牌会努力成为消除平淡的良药。

本章结语

伟大的品牌会努力成为消除平淡的良药。

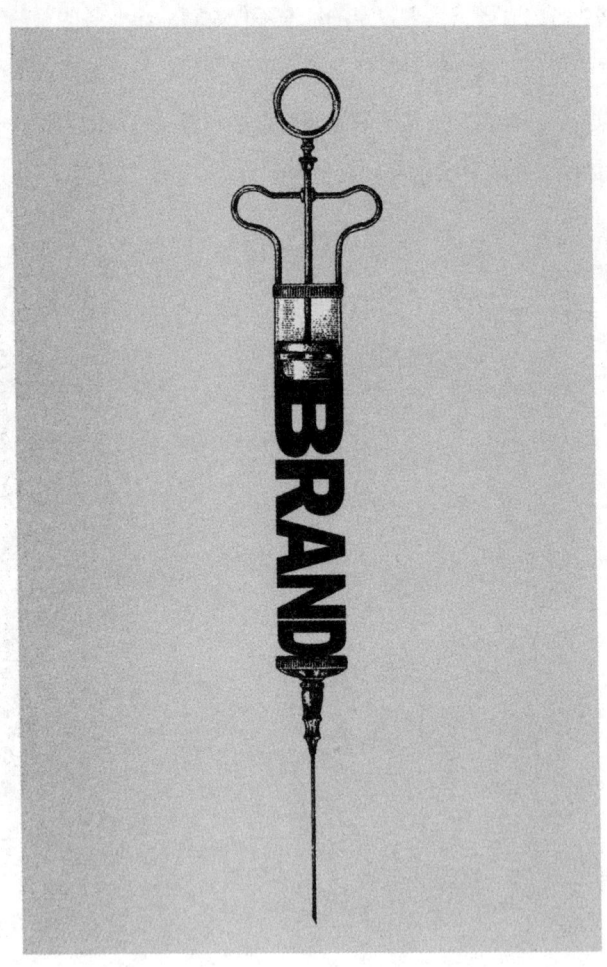

PART 12

与朱丽叶·斯洛特（Juliet Slot）的对话
英国爱斯科特赛马会首席商务官

客户
和你的员工一样重视
你的品牌吗

我们的品牌管理者在我们的头脑中创造了丰富的世界，讲述了我们的同事和客户是怎么体验我们的工作的。

目的、观点和任务声明列出了我们整体的意图，而指导方针和政策文件，则将这些意图具体化成了有组织的过程和行为。但是，我们总会发现，无论我们的设想有多生动，无论我们的指南有多详细，总会有人产生误解。我们怎样才能缩小我们的意图和其他人的解释之间的差距？为什么这样的差距在一开始就存在呢？

1990年，斯坦福大学的一位名叫伊丽莎白·牛顿的博士生，提出了一种聪明简单的实验，来了解这种差距。她招募了80名本科生，将他们随机配对，并让每一对中的一个人担任"敲击者"，另一人担任"倾听者"。她让敲击者看一份25首歌的列表，并从中选出三首用手指进行敲击，让倾听者来识别。在开始之前，要求试验对象预测100名听众里能识别出每首曲子的比例。

敲击者大部分都认为倾听者有50%的可能识别出曲子。他们谦虚地认为，当你在有限的时间里，用有限的方法说出你内心的声音时，造成误解的可能性是很高的。

结果，在120次尝试中，只有三次猜对了——成功率仅有2.5%。参与研究的所有人对于自己将脑子里的音乐成功传递给对方的能力都过于乐观了。即便是最悲观的敲击者，一开始预计的成功率也高达10%。

最后，给每一对人分配了一名观察者，并在敲击曲子之前，先告诉观察者将要敲击的曲子，并让观察者评估猜对的概率。与敲击者一样，观察者预计的平均成功率为50%。与此同时，倾听者猜的概率更贴合实际，平均为3%。在不了解将要敲击的曲子的情况下，事实证明，倾听者能更好地预测他们猜对用手指敲击的曲子的概率。相反，敲击者和观察者正是因为知道了将要敲击的曲子，所以才难以准确地预测结果。

这种现象被称为"知识的诅咒"，它解释了为什么品牌和业务策略、政策和指导方针中列出的意图总是难以传递给目标受众。市场营销人员利用有限的工具向客户敲出他们的意图，而同事则是观察者，有些时候他们知道营销人员想要演奏的曲子，但是经常也跟伊丽莎白·牛顿的倾听者一样什么都不知道。

缺少共鸣还是知识的诅咒?

缺少共鸣与知识的诅咒在这里都是问题。所以，我们这些测试者如何才能学会对倾听者的需要感同身受呢?

一种应对方式就是将对客户需求的感受放到品牌策略的中心。我们在业务过程中，经常会遇到"客户至上"的说法——亚马逊的例子鼓励的业务模式，其目标是成为"世界上最以客户为中心的公司"以及将"客户至上"放到领导准则最顶部的地方。他们用这种方法取得的成果非常理想，改变了我们的购物方式，并且在这一过程中建立了价值超过7000亿美元的企业。

对于亚马逊来说，事情并不总是美好的。

在2015年，《纽约时代周刊》发表了一篇关于该公司的报道，其中，该公司的员工说连续4天没合眼、看到他们的同事在桌子旁边哭泣而且"实际上是在消耗生命"。

一位接受采访的人说，亚马逊是个"连学霸都会感到无地自容的地方"。在这篇文章发表的同一年，亚马逊的客户将其评为客户满意度的第一品牌，这体现了客户和员工在看待该品牌时的巨大差距。

在这篇文章之后，亚马逊似乎改变了其曲调。该公司发起了一个内部的人力资源"关系"项目，在每天一上班的时候，会向员工提出一系列与工作地点有关的问题，而且还发起了一项名为"优点"的回顾项目，其重点关注的是员工的长处而不是弱点。

用尊重和礼貌对待员工

为什么一家公认的如此关注客户的公司开始关心起员工来了呢？答案很简单，如果一家公司受客户爱戴但是被员工憎恶，那么从长远来看，是不可持续的。客户至上的理念将员工的身份降低为二等公民，且随着时间的推移，会因为吸引二流的员工而备受指责。彼得·辛普森在担任英国第一直销银行的商务主管时说过："你为什么要成为一个区别对待客户和员工的品牌呢？"

客户至上准则的替代准则非常简单：用与对待客户相同的尊重和礼貌对待你的员工。

极少有企业在对待员工时能够达到对待客户和投资者时一样的思想水平、投资水平和专业水平。这说起来容易做起来难——就像是你对待老朋友时难以达到对待新朋友时的耐心、专注、尊重和兴奋程度。企业的寿命不一定会遵循伊丽莎白·牛顿的敲击实验所确定的准则。

作为一名管理者，你不需要独自敲出你的曲调。员工不一定担任观察者的角色，他们应该与你一同敲击。几乎所有营销人员都面临的一个最大挑战就是如何激励整个企业来理解和实现同样的伟大标准。

▌爱斯科特赛马会：提升标准

英国爱斯科特赛马会是1711年由安妮女王创立的，是英国最受欢迎的赛马会——皇家爱斯科特赛马会的主场。每年都会有30万人从全世界慕名而来，在此度过五天的时光，其中包括英国女王和许多皇室成员。向这些客户提供良好的体验具有极大的压力。为了做到这一点，爱斯科特赛马会为其200名全职员工配备了超过6500名临时员工，所有这些员工都要经过培训，以便于给游客带来超出其期望的体验，配得上该品牌的光荣历史。为了了解他们是如何做到的，我们与爱斯科特赛马会的首席商务官朱丽叶·斯洛特进行了对话，了解了该组织是如何定义和提供其品牌体验的。自2012年接受任命以来，她一直都在努力提升客户的体验质量，并通过所有渠道来增加组织的商业收入，从门票到餐饮住宿，再到媒体。

简单明了是我们对话的主题。在一开始，她介绍了该组织成立时的立场。当你成为英国300年历史的一部分的时候，就必须认为员工和客户应当对我们的职责有本质的了解：

朱丽叶·斯洛特　在你看其他东西之前，作为一家企业，你首先得定义什么是品牌。其目的就是为你做的所有事情绘制一张地图：包括每一次客户体验、任何新产品的开发以及如何培训员工。如果你无法向这里的工作人员——或走过大门的任何人——描述你的品牌，那么就是无的放矢。

我们最终向三名受托人董事负责，他们都是女王陛下任命的人员。这里与其他公司不同的是，他们的工作就是代表君主来守卫该品牌。所以，他们必须绝对保证我们的品牌承诺和价值观保持不变，且我们的执行人员能够以所有方式来实现这一点。

我们已经有300年的历史了，而且我将我们看作这个品牌的管理员，但是如果你不知道你在管理什么，那么你就无法发展该品牌，并将其交到下一代人的手里。

目标的明确性是一种必要条件，而且以后每一代领导人的责任就是要将爱斯科特赛马会的遗产转换成与其时代有关的承诺。有些人会设定愿景或任务，而其他人则会定义一个目标。但是，斯洛特最关心的是找到一种方法，以便于以理解和执行的方式来定义爱斯科特赛马会的品牌。她和她的同事提出了一种单一的简单承诺，并将其放在了爱斯科特赛马会品牌的核心———一种能够被普遍理解和执行的承诺：

这一过程的第一部分，就是定义我们的承诺，也就是"提升标准"。当我最终确定这三个单词的时候，我们所有人都眼前一亮，因为这让我们能够将荣耀的元素转变成一种工作方法。我们也感到这是一种具有雄心壮志的承诺。我觉得，最好的一件事，就是我给所有人使用的这些词汇，是我们每天都会用来体现我们作为企业来进行运营的词汇。

从一开始，这就不是个让商业或营销团队单打独斗的过程。这一过程得到了精心的策划，以保证企业的所有部分在未来都有话语权。如果没有参与，就没有拥有感。因为提供品牌体验的方法具有独特的复杂性，所以运营团队会紧密关注品牌的定义：

关于品牌的一件事情是，品牌永远都不是营销团队提供的。在一个这样的组织里，你需要通过你的运营、机构和餐饮团队来提供品牌。我们的首席运营官对品牌和客户体验非常热心，而且他的团队在整个过程中都起到了至关重要的作用。我们并不是一个大的机构，但是对于我来说，很容易就会说："你，不是我，将会提供这个。"而且因为他们共同拥有这个组织，而且他们都以在爱斯科特赛马会工作为骄傲，所以他们想要把事情做好。

让运营团队参与到品牌承诺的定义中，不仅仅是鼓励一种拥有感；而是要确保这一过程不会不了了之。我们见过很多这样的例子，在要开始的时候定义品牌的目的和愿景都很容易，但是最终得出的想法从实践角度来看虽然貌似聪明，但是完全没用。无论你的组织有愿景、任务、目的、本质还是承诺，如果你工资最低的员工不知道如何用这些东西来把工作做得更好，那么这也就是耳旁风。在爱斯科特赛马会，运营团队会不断提示对品牌进行定义，且这样的定义要让从停车员到高管的所有员工都能理解、解读和使用，他们其中很多人都在爱斯科特赛马会工作了10年之久：

所以，我们一旦让"运营团队"参与进来，那么最重要的问题就是："我们如何将这个解释给停车员？"你最重要的客户是人，是学生，他们要在这里作为临时工工作六天。他们是工作在一线的人员。他们战斗在提供品牌体验的前线。

爱斯科特赛马会是一个以客户为中心的品牌，斯洛特以此为傲，但是她对"客户"的定义延伸到了组织的内部，尤其是数千名临时员工，因为她要委托他们实现她提出的"提升标准"的承诺。一般情况下，一旦完成了定义品牌的任务，那么营销团队就会编写一份指导文件，来详细说明从此以后如何看待、讨论和开展业务，另外还有一份计划，将新的企业指导方针传递给公司的其他人员。这个过程常常伴随着企业身份的发展，这会提供能够看到的证据，证明目的和方法确实有了改变。其愿望经常都是在尽量短的时间内做出尽量多的改变（以及用尽量低的成本）。但是，爱斯科特赛马会认为，值得花时间将品牌承诺渗入到企业的内部，然后再向外部公布变化：

以前当我完成像这样的项目时，我会注意到一件事，那就是我们会经常关注承诺、价值观、标志、外观和监管，而忘记了向工作人员解释品牌承诺。我们的员工就是我们的品牌，因为品牌的表面就是在皇家赛马会工作的6000人，或是在爱斯科特赛马日工作的1000人，因为他们与我们客户的互动如此之多，而且客户体验和互动是如此的重要。所以，我们在结束时不会发布标志和文字，我们会发布愿景、价值观和承诺，而且我们会对我们的临时员工格外关注。我觉得这是我们做得最好的事情之一。我们在一年的时间里向内部发布品牌，所以这关系着员工、人和文化。

这不仅证明了领导层的超凡耐心，还证明了对新承诺的保证：你不能通过紧张或随便的过程告诉人们"提升标准"。这也证明了作为一个以客户为中心的企业，并不意味着客户总是第一位的。首先关注内部员工会产生一种内部承诺，这终将会带来与外部受众更强大的关系。

在这个过程的这一时刻，领导层最想见到的就是通过将新的企业策略传递给员工的方式，让员工参与进来。这项任务通常是由首席执行官或营销团队完成的。但是，在爱斯科特赛马会，运营团队会和营销团队一同来了解新品牌承诺，及其对他们的意义。他们会通过一系列名为"实现品牌"的研讨会来做到这一点，通过研讨会，会对新的组织愿景、价值观和承诺进行广泛的介绍，并会邀请同事来分享他们自身的例子，说说如何实现品牌，以及在未来如何更好地实现品牌。通过这种做法，团队发现了一个由故事、智慧和好建议组成的宝库，可以用来证明如何将承诺落实到具体的细节。例如，用手指指路经常被人们认为是不礼貌的，但是如果遇上了迷路的游客，你该怎么不用手指来指路呢？在爱斯科特赛马会，员工用整只手来指路——是一种指路的优雅方式，也是爱斯科特赛马会的核心品牌价值观之一：

我们开发了很多速记方法和实际操作的例子，来说明如何实现品牌和品牌的价值观。我们让这些方法尽量简单，不会赋予他们太多的东西。我们会给他们明确的与岗位有关的标准，比如说我们希望他们关注的重点。

让运营团队参与到这一过程中，可谓明智之举。伟大的企业愿景对于员工和投资者来说都是不可思议的，但是运营团队会努力实现细节。可能就是出于这个原因，他们也会对"品牌推广"的变化无常非常敏感。这就是为什么爱斯科特赛马会的团队会尽量避免使用B开头的词。从一开始，就有一种"爱斯科特赛马会的做事方法"，但是这种方法从来没被具体化成承诺或一系列价值观和行为。所以，该项目的名称并不是"品牌定义"或"品牌更新"——也就是说明爱斯科特赛马会的做事方法，从而让企业在发展的时候不忘初心。运营团队还要保证爱斯科特赛马会的做事方法是一种连续的过程，不会在日常运营中被丢掉：

运营团队和我们的人力资源与培训部一同开展了品牌项目，并开发了一个强大的"与品牌同在"计划。他们关注的是基层的员工。例如，他们编制了"与品牌同在"卡片。所以，如果有人做了一些你觉得能够真正实现品牌的事情，就可以填写一张卡片，且如果这真的是个很好的例子，你就能得到一瓶香槟。

在皇家爱斯科特赛马会上，三个做得最好的员工都得到了一部苹果平板电脑。这是一种认可，无论是香槟还是苹果平板电脑，其意义都是一样的，我们的首席执行官会与你握手，并会说："你的所作所为为这个品牌树立了榜样。"大部分人会因为在此工作而感到骄傲。而重点就是得到认可。

爱斯科特赛马会做事方法的成功取决于如何将其变成组织意识。这并不是强化现有行为的方法——品牌承诺对企业是一种刺激，能够让企业投入时间和精力进行持续改进。运营一个有300多年历史的品牌具有一定的风险，那就是无法创新。但是爱斯科特赛马会的业务取决于每年都会来光顾的人，这意味着持续创新是非常重要的：

如果我们只是保护我们拥有的东西，那么品牌不会发展300年之久。我们必须很好地平衡和保护我们现在拥有的东西，并再加上一层改进。持续改进包括很多客户都不会意识到的惊喜。他们看不到这些惊喜，但是能够感受得到。这就是我们每年持续"提升标准"的方法。例如，我们以前有很多带有我们标志的塑料垃圾桶。如何让这些垃圾桶成为良好的品牌体验呢？我们向运营团队提出了改进要求，让他们利用垃圾箱来实现品牌体验。他们的解决方案是在垃圾箱上加上漂亮的木板条。我们把漂亮的天竺葵放到了顶上，然后贴上标语"请把您的垃圾放到这里"。年复一年，没人注意到这种改变，但是他们能感觉到现场变得更好了。我们实现了别人没有看到的品牌改进。这就是我们如何保持作为世界级舞台上的全球赛事地位的方法，而且我们之所以是最著名的赛马会，是因为我们每年都能提供这种体验（以及精彩的比赛！）。

与其他企业一样，爱斯科特赛马会必须谨慎选择改进的方面。客户反馈是很多企业默认的用来确定改进内容的方法，但是爱斯科特赛马会的工作人员通常能够更好地发现品牌的体验在哪些地方存在问题：

我们商务团队的成员会被分成小工作组，而且在皇家爱斯科特赛马会举办的那一周之内，允许他们离开岗位两个小时，可以像游客一样到处走一走，然后向我们反馈他们觉得应该改进的地方，以及觉得很好的地方。然后，我们再将这些意见反馈给运营团队和餐饮团队。然后，他们再进行改进。每个人都会参与到逐渐改进的过程中。我们的团队还会提出一些关于逐步改进的很好的小想法。我们实现爱斯科特赛马会做事方法的过程让我感到非常骄傲。

爱斯科特赛马会的经验告诉我们，客户体验的质量与员工对品牌体验的质量有直接的关系。向员工明确说明品牌是必要的，但对于成功来说还不足够。爱斯科特赛马会的工作人员在实现品牌的过程中，会真正地感到骄傲，无论是临时工还是全职员工。他们能够预测到组织准备在内部实现承诺的时间长度，并且这重新确认了他们自身对实现外部承诺的感觉。员工和客户之间的差别在于，员工能更亲切地感觉到你的组织。他们能够更好地发现品牌体验的不足之处，而且也能更好地提出改进意见。像对待客户一样对待你的员工：清晰地与之交流，询问他们的见解和想法，证明你愿意为他们做出的牺牲。投之以桃、报之以李，他们将会努力将"良好"变成"伟大"。

本章结语

像对待客户一样对待员工。

PART 13

与克里斯蒂安·布鲁格（Kristian Brugts）的对话

奥凯多集团品牌主管

你
学会了忽略品牌的
哪些缺陷

每个品牌都有其缺陷，但是极少有品牌敢于向公众承认。社会渗透理论认为，坦白承认缺陷，是从肤浅、疏远的关系转变成深入、亲密关系的方法。这个基本概念就是，人——或者品牌——就像是洋葱。我们都有外层和内核。关系的深度可以通过我们选择展示的品质以及在展示品质时的诚实度来测量。承认缺点是建立关系的一个必要方面。任何人都不是完美的。任何品牌或企业也不是完美的。所以，如果能坦白承认我们的短处，就能建立起亲密和真实的关系。

但是，有些缺陷太过严重，以至于让人觉得并不可爱了。在其标志性广告发布的六十年之后，大众被卷入了排放丑闻，导致其在美国蒙受28亿美元的罚款，而且还不认错。大众没有承认其缺陷并努力改进，而是选择忽略和掩盖。公众可能会原谅或忘记这样的罪行，但是管理者和立法者却不会。大众公司前首席执行官在美国面临刑事起诉，而大众公司则需要支付250亿欧元的款项来承担形式罚款和赔偿。该品牌活了下来：温特科恩在2015年9月辞职，继任首席执行官的赫伯特·迪斯宣布大众将"更诚实、更开放和更值得信赖"。自那以后，该公司的收入开始增长，且资产负债表也有所恢复。

成功会让一个企业自满，而有些时候，丑闻是必要的修复措施。在管理理论界，存在一种伊卡洛斯悖论：飞得高的公司及其领导人会被成功迷住双眼，而忽视危险。这就是为什么欣欣向荣的公司需要努力保持高水平的业绩。

《时代》杂志列出了25本最具影响力的商业书籍，这些书都是赞美完美的：伟大、领导力和效率才是主题。这一传统至少可以追溯到尼古拉·马基雅维利——历史上最声名狼藉的领导力理论家之一——他也相信成功的领导力的一个重要特点，是能够劝说别人相信一个人的优点。

这里就是对真实性的需要和对伟大领导力的向往相互靠近的位置。在现代社会中，马基雅维利所说的领导者是"高度的自我监督者"——他们会在所有情况下对自己进行监督和改变，从而最大化其影响力。相反，"低度的自我监督者"无论在什么环境下，都会毫不掩饰地表达自己的想法、感觉和性情。

欧洲工商管理学院的赫米娜·伊瓦拉教授将这种情况称为"真实性悖论"：在工作中做真实的自己会限制个人发展和职业影响。"自我"是不固定的，而是会随着每一次新的体验一直进化。如果坚持自我意识不变，那么就必须强化现有的思维方式和工作方式。相反，真正的领导力标志是乐于学习和提升，这就需要一种灵活的自我意识。

个人对缺陷的承认对于这种类型的领导力来说绝对是至关重要的。企业和领导人如果无法认清自己的缺陷，那么就失去了改进的机会。伊瓦拉将其称为"适应性真诚"：一种持续的挑战、实验和启迪的过程，在这一过程中，可通过承担风险（大小风险）和接受可能性来展示缺陷。

奥凯多：从 2000 年开始的适应性和真诚性

克里斯蒂安·布鲁格在2008年加入奥凯多集团的时候，这家企业还只是一家网上超市，做出了很多承诺，但是没有盈利能力的追踪记录。当时在总部工作的有109人，而该企业在年营业额3.2亿英镑的情况下，却有2100万英镑的营业亏损。经过10年的发展，该公司几乎焕然一新。2018年，奥凯多被纳入富时100指数，发展成了一个百货递送技术企业，与全球知名的零售商建立了合作关系，包括法国的卡西诺、美国的克罗格和加拿大的索贝斯。2017年，该公司营业额超过了13亿英镑，利润达到了8400万英镑。在很多方面，奥凯多可以说是赫米娜·伊瓦拉提出的适应性真诚的具体表现。

布鲁格是奥凯多集团的品牌主管，负责让该公司一直遵守其任务和目标——换句话说，他的工作就是保证在公司增长的同时不要失去其"灵魂"。可以说，他的加入明确地规定了对发展的期望值：

克里斯蒂安·布鲁格　奇怪，我和他们一起购物已经3年了。为他们工作感觉很有意思。当然，当我走进这家公司并和这里的人进行交谈时，他们给我的感觉，恕我直言，是很疯狂的。这让我很兴奋。我的第二次面试是由零售主管来进行的，但是他当时还要面试另外一个人，因此他们就把我和蒂姆·斯坦纳以及詹森·吉辛关在了一个房间里。我当时在想："这是疯了吗？为什么让我跟这家公司的两名最高领导人谈话？他们可是公司的创始人！"这就是这家公司的风格，不拘小节，而且你能够跟公司里的高层领导人互动。面试后还不到两个小时，他们就给我打电话了，问我："想不想要这份工作？"

虽然这家企业当时发展到了第8个年头，但是一直保留了最初的文化和信仰，而且一直保持到今天。在此期间，领导团队保持得非常稳定。斯坦纳仍然在领导这家企业并执行开门政策。在很大程度上，这有助于公司保留一些创立时的精神。必要的改变是该公司基因的核心部分：

让我最惊讶的就是你能快速地产生影响。因为当时的工作人员很少，而且我们是受资源驱使的，或者可以说是受预算驱使的，所以你会负责很多事情，而且你必须把工作做完。这不是我一个人的看法。公司的上上下下都有这种情况发生。这让人感觉很好，而且每天来上班的时候会很兴奋。你不知道接下来会发生什么，以及谁会为发生的事情负责，但是如果发生了一些事情，那么肯定很有趣。

奥凯多的精神得以保持的一种关键方法就是通过其招聘方式。该公司自2008年以来实现了长足的发展，而且现在有员工大约12000人。奥凯多心态的一个令人惊讶的方面就在于人员的招聘，他们会将应聘的岗位看作员工的起点，因为随着员工的学习和进步，他们最终将离开现有的岗位，进入全新的岗位。奥凯多认为随着业务的发展，他对员工的要求也在发生变化，因此在招聘和留住员工方面具有流动性的思维：

我们会根据你的技能来发展。我们总是说，你加入公司时的岗位不会是你离开时的岗位。实际上，你离开时的岗位可能还不存在。我们会为你定制一个岗位，因为我们准备利用你的技能、你的热情和专业经验。无论在哪一方面，都是为了公司的利益，而不会因为岗位职责规定了你应该做的事情，就用条条框框把你限制住。这是我们对自己感到骄傲的一件事。

这种态度不仅适用于办公室或管理人员，也延伸到了如何聘用和培养送货司机上。你可能觉得对于希望成为奥凯多送货司机的最基本的要求是会开车。再想一想。这是体现奥凯多组织特质的另外一种方式：

我们想要做的是聘用会跟人打交道的人，然后叫他们开车，而不是聘用会开车的人，然后再教他们跟人打交道。因为人与人之间的互动是我们作为企业与客户之间的主要互动，而且这个东西是没法教的。实际上，教会别人开车要比教会他们对顾客微笑更简单。

这种招聘方式使用的是一种"聘用了不起的人并给他们让开路"的思维，因此会给员工很大的决定自由和犯错自由。与本书中描述的很多其他企业相比，奥凯多对错误的宽容度是最高的——只要这些错误能够用作学习的机会。其结果是高度的个人自治和组织信任。

我们相信我们的员工会做正确的事情。他们不用跟任何人解释。如果他们觉得一位80岁的老太太腿脚不方便，那么就可以爬上6楼去给她送货，而且还可以多花10分钟帮她打开包裹，我们不会催他们。

这并不是说奥凯多比别的企业犯的错更少。布鲁格没有掩饰，而是真诚地接受人会犯错这件事情，而且这也包括聘用不得当的人。如果思维不开放的话，在奥凯多是混不下去的。你对奥凯多及其文化了解得越少，那么你对其理解就越少，最终你就会被踢出局。相反，善于探寻的人在这里能够茁壮成长。这并不是说在这家企业工作的所有人都是特立独行的或是迷你版的斯坦纳。在我们谈话开始的时候，布鲁格提到以前人们将奥凯多描述成一群"热情的门外汉"。这种说法有一半是讽刺，有一半是褒奖。随着时间的推移，有一大群专业人士加入了公司，回应了这种门外汉的说法。我们并不期望奥凯多所有的工作人员都成为超级明星：

　　除了规模之外，公司的变化很小。我们的思维没变、我们企业家的海盗精神也没变。我们以前曾被人称为"一群热情的门外汉"。这种说法已经不存在了，因为我们有了一群——我不太愿意说这个词——专业人士。让他们了解我们仍然具有创业精神而不把他们吓跑，是一项挑战。你必须让正确的人来创新。所以，你必须能说："这群人完全自由、能够创新、可以自由思考，能够做你需要做的任何事情。"如果得到的结果能够让食品公司前进，那么是极好的。每个人都要保证运营是正常的。所以，你会看到一种奇怪的两极分化的现象。这里有一群疯子，还有一群极为严肃的人。

　　显然，这里有一种明确的愿望，就是保持海盗和专业人士之间的健康比例。每个群体都有自己独特的角色，每个群体都能弥补对方的缺点。专业人士能帮海盗们看起来不那么业余，而海盗可以给公司带来足够的奇思妙想，让专业人士看到他们想都想不到的风景。因此，缺陷变成了优点。奥凯多接受了其怪异的一面，从看世界的不同角度中得到了好处，因为这里有一群人能把疯狂的想法变成有利可图的商业模式。这一点是尤为重要的，因为布鲁格知道奥凯多仍然是一个在变化的企业：没有人知道这个企业在5年或10年之后会是什么样子，除非它的目标是在它选择追求的任何机会中走在前列。这意味着，在能够预见的将来，热情的门外汉精神仍然是该企业的优点：

> 我们仍然在最前沿。别人都没有做到我们做到的事情。所以，仍然需要一点点反复试验。这其中仍然会让人兴奋。你不知道下一件事情是什么。我们提前很多年就对这些技术进行了研发，而且我们不知道这些技术是什么。我们只知道这些技术会继续下去。10年之前，我们仅仅是一家网上超市。5年之前，我们是一家快要倒闭的网上超市。而现在，我们是技术思维领袖。这对我在这个行业中的作用产生了根本的影响，因为现在你不仅会谈论豆子，而且会谈论机器人和豆子，以及用来送豆子的破坏性技术——无论是在英国还是在全世界。我们可能会在未来做一些别的事情，但肯定很棒。每天都能来这里上班让人感到兴奋。

对于这种反复试验的增长方法来说，有缺陷是不可避免的。奥凯多学习和突破的重点意味着这家企业永远不会装作一个完全专业化的公司，而且也不想这么做：

如果你有完美的个性，那么你基本上就是个精神病患者。向人们解释你的缺陷有的时候会有一些痛苦。有些人不理解为什么公司会有缺陷，以及为什么缺陷是必要的。缺陷成就了你现在的样子。每个人都觉得所有人在任何时候都是完美的。这就像是企业的精神病。我们不能把缺陷消除掉，但是这种情况可能是无聊的。我们为什么要这么做？缺陷给了我们拥有的思维。你可以进行一点改善，但是我们的缺陷造就了我们现在的样子。如果我们没有缺陷，那就不是我们了。如果缺陷不会让我们的业务崩溃，那么就是积极的缺陷。

通过自我承认，奥凯多成了一个奇怪的地方，有一个奇怪的名字，聘用了一群奇怪的人。但是正是这种奇怪成就了奥凯多的独特性。成为富时100指数公司是一件大事，而且可以说这家企业的潜力才刚开始显现。与其他富时指数公司相比，如巴克莱银行、玛莎百货、利洁时集团和联合利华——其增长潜力是巨大的，只要让海盗们继续掌舵就可以了。

本章结语

接受让你的品牌变得怪异的东西。

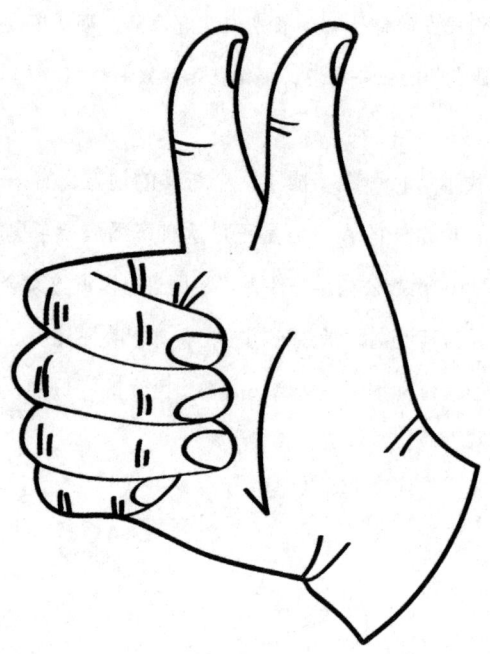

PART 14

与安吉拉·奥法雷尔（Angela O'Farrell）的对话

TI Media集团生活与风格投资组合总经理

无止境地满足客户要求是否符合你的品牌逻辑

您可能熟悉斯坦福大学的棉花糖实验：良好育儿与商业成功之间的交汇点。研究人员把棉花糖放在孩子面前，告诉他们，如果他们可以坚持15分钟不吃第一块糖，那么就能再得到一块糖。然后，研究人员将孩子和棉花糖单独留在房间里，看看他们是否愿意为了得到更多的棉花糖而等待。在20世纪60年代和70年代进行了一系列此类测试，几十年后的后续研究表明，在童年时期能否坚持等待与随后在学校和生活中取得的成就之间存在着正向的关系。故事的寓意：鼓励孩子为明天需要的东西放弃今天想要的东西。自我控制塑造性格，而且是成年后成功的决定性品质。

　　这与我们所了解的客户的行为是截然相反的。延迟满足和自我控制对于用平板电脑进行购物的数字一代来说，是不可思议的。我们难以想象亚马逊或谷歌会在他们的商业模式中以培养品质为由引入延迟满足。与孩子一样，客户希望他们一时兴起的想法都能得到满足。但是与孩子不同的是，这次是客户说了算。"现代营销之父"菲利普·科特勒在他2003年出版的《从A到Z的营销观点》一书中写道："我们生活在一种客户经济中，在这里，客户才是国王。现在短缺的是客户，不是产品。各公司必须清醒地面对现实：他们有了新老板——客户。如果你的员工没有思考客户，那么他们就没有在思考。如果他们没有直接服务客户，那么最好开始服务客户。如果他们不关心客户，那么别人就会关心你的客户。"

延迟享乐是否有用?

这里的想法并不是客户要什么就给什么，而是要找到未满足的需要和未能表达出来的需要，并且预计在未来想象不到的需要。根据欧洲市场研究协会的数据，各企业每年会花费680亿美元来进行市场研究，从而了解这些需要，并指导开发新的方式，以更快的速度来满足客户的需要。值得注意的是，在培养孩子方面，人们也对延迟满足的意义提出了质疑。最初的棉花糖实验是在一群年龄较小且没有代表性的孩子中进行的。而最近的研究对象是年龄较大且更有代表性的孩子，新的研究发现，孩子的自我控制力和未来的成功之间的关系远远不如我们最初想的那么密切。智力和家庭背景是影响成年之后成功的更强大的因素，而不是孩子愿不愿等十五分钟再得到一块棉花糖。

企业是不是应该放任我们每一次的一时兴起?

所以，既然延迟满足已经不管用了，那么我们是不是应该满足孩子和客户的所有一时兴起的想法? 这取决于我们认为谁说了算。

营销学者马克·塔达在2016年的一篇文章中指出，当科特勒提出"客户是老板"这一观点时，正值20世纪30年代的大萧条时期，这种情况让人们开始反思金融和营销在让企业对其客户的需求更敏感方面的作用。营销是在大萧条之后的几十年里出现的一个职业，其目的是让企业能够更好地预测需求，并能有效地计划何时、何地以及通过何种方法能最好地满足这种需求。以客户为中心的说法是作为不可打破的商业规则出现的。这在组织和文化层面上都对企业产生了深远的影响。

从组织层面上来看，企业围绕着对客户的科学和客观理解来进行重建——根据既定的计划，需求可以预测和量化，销售配额可以设定，个人业绩可以评估。客户被称为最终的老板，而公司投资人和管理者的重要性则被削弱了。塔达把这种情况称为"置换"——企业实际的老板（银行家、业主和管理者）通过削弱其自身的作用和夸大客户的作用来减少员工的敌对情绪。通过让步来让客户高兴是一种高尚且值得的追求。全力以赴地工作，来保证投资者20%的利润率，是枯燥乏味和泯灭人性的。企业所有者有很多理由来夸大客户的力量，因为这样做能够激励员工在为股东创造价值的时候自愿进行合作。

把利润放在客户之前的危险

这种说法听起来挺可怕的。但是想要找一个把利润摆在客户之前的例子并不难。2016年9月，美国的联邦管理机构爆料称，国富银行的员工为了实现销售目标，在未得到客户授权的情况下，私自开立了数百万份未经授权的信用卡和现金账户，签署了经过修改的贷款协议，购买未出售的汽车保险和非法回收的车辆。结果，该银行被罚款10亿美元，并开除了5000名涉事员工。

国富银行并不是这个规则的例外情况。某些世界上最著名的以客户为中心的企业已经证明了客户需求必须与股东价值相平衡，而且不能超越股东价值。2017年，美国联合航空公司的员工强迫一名受伤的满脸是血的乘客下机，后来视频被公布之后，该公司被迫道歉。同一年，脸谱网因客户数据处理问题遭到了严密的审查，神户制钢公司承认伪造了质量数据。而三星公司用据称更安全的型号替换了一系列可能会发生爆炸的手机，而这些型号的手机也发生了爆炸。

这里的重点并不是以客户为中心的概念是不可行的或是谎言。我们与很多对客户细心和真诚的企业接触过。但是这些企业在对待其投资者、员工、合伙人、管理者和整个社会方面也同样是细心的和真诚的。在任何时候，他们都不会把客户看作老板。相反，他们认为业务实际上就是引导他们在成功的路上所要依赖的不同群体之间有时会出现矛盾的动机。这才是做生意的更诚实的办法，而不是假装客户是公司的老板。

TI 媒体：实现双赢转变

2018年6月11日，时代公司英国将品牌改为"TI 媒体"。新的名称包含着对过去的认可，这对于拥有英国最受欢迎的杂志的公司来说是符合逻辑的，这些杂志包括《新音乐快递》《嘉人》和《电视时代》。但是，品牌的演变说明了其在深远的社会、文化和技术改变面前想要进行创新的强烈愿望。安吉拉·奥法雷尔在实现这种改变的过程中起到了核心作用。她是集团的总经理，负责"周刊""家庭""妇女与家庭""转变"等项目；负责推动整个TI媒体的转变并保证公司能够成功预测和回应客户、广告商、员工、合伙人和业主不断变化的需求。

对于一个运营着40个客户品牌的企业来说，转变的复杂性是可想而知的。奥法雷尔的起点非常实际而且实用：从冷静的观点出发，了解这些品牌在第一时间是怎么出现的。

安吉拉·奥法雷尔　我在上大学的时候被问过一个问题："品牌的意义是什么？"当然，我们都会说："满足潜在需求。"但是我的教授却说："不不不，这种说法很好，但是不对。"最后他解除了我们的疑惑。他说："品牌的意义在于赚钱。"这一点很难让人接受，却是实话。所以，在建立品牌的时候，你需要关注底线，因为如果不这么做，那么意义何在？建立品牌需要很长的时间。做错事很容易，但是要把事情做对，要难得多。

　　这可能并不是总结品牌意义的最浪漫或最流行的方法，但是的确能够防止企业及其领导人落入"客户就是老板"的陷阱。TI媒体的新名称是其在2018年3月被Epiris LLP公司收购时提出的，该公司是一家私募股权投资公司，非常强调改变、战略的明确性和运营的优越性。TI 媒体自身也通过重新命名确定了如何在该机构的全部品牌中实现这一转变：将信任建立和鼓舞结合起来：

　　作为名为TI 媒体的公司，这个名称背后的想法是过去的延续，但是同样的是，我们向客户提供的是灵感。所以，名称中的"I"代表的是灵感，而"T"代表的是信任。而且我们的业务，无论品牌是什么，都是要提供可信、有权威的内容。无论是什么领域的内容。我们的客户相信这样的内容，而且这种信任关系对我们来说是非常重要的。

　　信任是TI 媒体建立其名声的基石。在客户至上的环境中，这意味着要遵守早于"假新闻"时代的老式的新闻报道准则：

　　例如，在充满现实生活故事的领域，我们不会发表未经法院程序合法验证过的故事。同样，如果讲故事的人不愿意，那么我们也不会发表他讲的故事。这对我们来说是非常重要的原则。我们的竞争对手或是在其他的媒体可能并不一定要体现出这种准则，但是这对我们的品牌来说是非常重要的。我们不能被他人的玩世不恭感染。我们必须真诚地遵守我们的指导方针，如可信度、权威、准确和诚实。

除了客户关系之外，信任的建立还意味着引导广告商、内容创作方和消费者之间可能存在矛盾的动机。我们不会把单一的受众放到最重要的位置——其目标就是创造一种两性循环，在这个循环中，广告内容能够给社论内容增加价值，从而保证读者的利益：

内容创作者和广告商之间的关系，尤其是从出版角度来看，是一种循环。广告和社论之间总是存在一种紧张关系，而且也应该有这样的紧张关系。我们所不想成为的就是广告的代言人。消费者看广告的速度非常快。这就是我们只在合适的时候打广告的原因，我们不管广告商希望你购买和使用产品的想法。这方面的好例子就是广告的内容对于消费者来说是绝对有价值的。我们所说的是有真正附加值的广告或叙述。在这一方面，有一个很好的例子，就是我们以前跟天空电视台的合作。很多人会在圣诞节期间看，但是，圣诞节的魅力在于各种礼物包裹。所以我们与天空电视台进行合作，对他们的电影进行了包装，并通过社论广告的方式进行了宣传。这对于消费者（能够从额外的页面内容中获益）、我们的品牌和广告客户来说都是胜利——而且这项工作完成得非常出色。

除了调解不同受众的需求之外，TI Media 还有一个棘手的问题，就是在越来越数字化的世界中，作为实体杂志的出版商，如何来保持关联性。在实体和数字世界争相吸引我们的时候，奥法雷尔提出了另外一种可能性：实体和数字媒体有可能实现强大的互补。每一种媒体都有其优势和劣势，而且对于数字媒体中的一些缺陷，实体媒体可以增加其价值。虽然数字媒体具有大众化的内容，但是付出的代价是质量控制。印刷品是更有约束力的媒体，但是在质量管理和内容编辑方面则更全面：

我们面临着技术改变。我们的行为受影响的速度让我们感到了吃惊。如果我们不解决我们如同水里的死鲨鱼的情况，我们总会返回到品牌发展，总会返回到要勇敢，不能被未来发生的事情吓到。如果你只是把头埋在沙子里，继续做以前做的事，那么最终将无法发挥作用，或者随着时间的推移效率会变低。所以，是的，我们正在为现有的市场服务，但是我们也在了解我们如何保持相关性，以及如何通过合资、合作等方式，最终以不同的方式完成我们目前正在做的事情。网飞和亚马逊金牌服务以及Now宽带电视并不适合有序的世界。按照其性质，它们正在让这种情况变得混乱。你很难在网飞和亚马逊金牌服务上找到好东西。那里的内容就是一锅粥。

窍门就是，要了解这种整理能力在什么地方是最相关的，并能产生最大的价值。做到这一点的明确方法很简单，就是问问消费者的想法，然后据此做出回应。这是客户至上的企业应该做的事情。但是客户在预测未来的时候可以说是很讨厌的：

在我看来，客户非常明白他们想要什么，因为他们是根据他们有什么来确定想要什么的。他们没办法说明白的，是他们在未来会用什么东西。我觉得，我们的电视节目就是个很好的例子。我每次研究一个品牌的时候，我的现有消费者都会告诉我他们喜不喜欢这个品牌以及这个品牌看起来像什么。但是，我从一个正在缩减的市场中发现，我没有在做的事情就是吸引新的消费者。这对我来说是一个难题：我怎么才能让我的品牌不受未来的影响呢？很明显，这需要进行持续对话和品牌发展，都要与现有的消费者进行对话，而且更困难的是，与那些并不是我们的消费者的人进行对话。

防止未来对品牌的影响的关键，就是不要太关注消费者说的他们想要的东西（但是我们不是建议你们完全忽略），而是要将更多的注意力放在他们实际做的事情上：行动胜于言语。这也包括挑战已经被人接受的智慧，如在未来人们想什么以及想要如何行动。随着时间的推移，一些研究会演变成毫无疑问的事实，尤其是千禧一代、可持续性消费和数字交互。了解行为太重要了，因此不能将TI 媒体的未来留给谣言：

我们每年都会进行很多研究——定性研究和定量研究。我们有18个月的编辑发展的循环，而且这一循坏总是通过回顾对人们行为的研究开始。你会听到人们总是说电视正在消亡。但事实上没有。习惯看电视的人平均每天会看四个小时的电视。年轻人也会看电视，而且证据表明他们的确看了。年轻人看电视的时间略短于四个小时，但是相差不多。他们会看更多的短视频、会使用YouTube、使用网飞的时间比父母长，但是他们会看电视。《爱情岛》节目的现象绝对能够证明这一点。我们某些人可能认为我们都会坐手推车走向地狱，但是这个手推车将通过《爱情岛》走出来，因为这个节目完全抓住了年轻观众的想象力。重点在于，不要认为这些比喻或习俗是真的；你要不断地挑战它们，你要不断地质疑它们。

TI 媒体的转型不会成功，因为他们拥有和管理的每个品牌的核心都是客户。成功来自于他们对客户的洞察力的赞赏不足以建立伟大的企业。奥法雷尔对内容的热情意味着该企业必须更加努力，才能提供超出当前观众期望值的灵感。只有不断地给这些不同的观众关于未来的灵感，他们才能够参与到未来的实现中。

本章结语

你的工作是给你的客户灵感，而不仅仅是满足他们的需要。

PART 15

与欧文·伯顿（Owen Burton）的对话

One Feeds Two联合创始人

如果
用测谎仪给你的品牌
进行一次测试

拿破仑并不矮

拿破仑身高五英尺七英寸，已经超出当时法国男人的平均身高了。但这对于具有拿破仑综合征的人来说，是很重要的。

事实证明，全世界都公认的"事实"，最后却是谬论。公牛不讨厌红色：它们都是色盲。蝙蝠不是瞎子。金鱼的记忆力能持续几个月，而不是几秒钟。喝咖啡不会让你脱水——咖啡因的利尿效果被咖啡中的水给中和了。"左脑"和"右脑"之间的界限没有经过事实证明。在水里加盐不会让水沸腾得更快。南半球的马桶冲洗方式没有不同。纯水不会导电。

普林斯顿大学教授哈利·法兰克福在2005年写了一篇文章《论胡说》，在文章中，他指出："我们的文化中最大的一个特点就是有太多胡说八道的东西。每个人都知道这一点。我们每个人都有责任。但是我们却倾向于接受这种情况。" 法兰克福的文章值得我们每个人都去读一读，尤其是在这个后真话世界中。他的结论是，胡说八道的主要特点并不是其只牵扯说谎或歪曲事实：其本质在于，胡说八道的人绝对缺少对真话的关心——他对现实是漠不关心的。法兰克福认为，胡说八道并不如虚假那样不真实：就像是假货，是在没有考虑实际交易的情况下产生的。同样，与假货一样，胡说八道可以像真话一样漂亮和有用。在很多情况下，甚至还更有效率。这就是为什么我们乐于生活在这么多假话之中。

我们怎么区分胡说八道和事实呢？

卡尔·萨根也对虚假进行了一番评论，但是他对自己的表达更加柔和。在《胡扯检测的艺术》这篇文章中，他认为品牌鼓励企业文化以消费者为代价使用误导和逃避等方法，并为此感到惋惜："你不要问、不要想。买就可以。"在他看来，胡扯存在于玩世不恭和清白的结合会导致欺骗的情况下。这种情况会有意识地或无意识地发生。当发生这种情况时，受害者通常具有非常强烈的情绪——如敬畏或恐惧——妨碍了其正常的思维能力。作为个人，胡扯会消耗我们的金钱。在机构或社会层面上，胡扯会消耗生命。

胡扯工具包

萨根提出了九种工具，构成了"胡扯检测包"。跳过用这些工具进行的审查的想法可慎重接受：

1. 如可行，应单独确认支持正在审议的想法的事实或证据。

2. 鼓励所有观点的有见识的支持者对证据进行讨论。

3. 不要被权威的观点左右——权威跟我们一样容易犯错。

4. 不要只关注单独的假设。相反，要提出多种工作假设，然后确定严格的方法，来系统地淘汰替代选项。任何保留下来的假设都更可能是对的选择，远远好于接受第一个或最明显的假设。

5. 对你可能喜欢的假设或想法要尤为谨慎，因为这些假设或想法是你自己的。问问你自己，你为什么会喜欢一个想法，然后，如果这些想法没有经受住考验，要学会将其淘汰。

6. 如果有一个争论链条，那么链条中的每一个环节都必须发挥作用（包括承诺）——不是大部分发挥作用。

7. 奥卡姆的剃须刀：在面对两个能同时很好地说明数据的假设时，选择更简单的那一个。

8. 要不断地问，假设是否经过了考验和篡改——至少在准则上。命题是不可检测的、不可证伪的且不太值钱的。

不要错过胡扯的警告信号

我们忽略了萨根提出的一种工具：我们见到的想法和假设应当尽量被量化。按照他的说法，"模糊和定性的东西会有很多解释。当然，在我们必将遇到的很多定性问题中，有很多需要寻找的真实的东西，但是找到这些真实的东西更具有挑战性"。不幸的是——尤其是涉及品牌时——量化并不总是能够实现的，或者说，并不总是人们所希望的。我们一直都在担心出现麦克马纳谬论：人们经常会量化重要的东西，但是最终只把重要性给了他们能够量化的东西。我们可以说，这只不过是因为想法是无法量化的，但这并不意味着这并不重要或不正确。定性或无形的想法可能更具有挑战性，但是这些想法的有效性或相关性更低。

为了补充这些工具，萨根的文章中还列出了一系列常见的逻辑错误，可以作为胡扯的警告信号。其中一些包括：

- 攻击辩论者而不是辩论

- 来自权威的观点

- 来自不利后果的观点

- 呼吁无知，尤其是当证据的缺乏被用作缺乏的证据的时候

- 提出了一个假设了答案的问题

- 确认偏见——或只计算了击中的次数而忘了错过的次数

- 小数字的数据（与样本数量不足百的研究有很大差别）

- 数据误解或误读（50%的人低于平均智商，不用感到惊讶）

– 前后矛盾

– 没有凸轮：与之前的观点没有逻辑关系的断言

– 假设在某件事情之后发生的事情意味着暴露了因果关系

– 错误的二分法：只考虑可能性的两个极端——包括假设短期和长期是必要矛盾

– 滑坡效应观点或楔子小头观点

– 将相关性和因果关系混淆

– 夸张地描述对手的地位，让其更容易受到攻击

– 封锁证据和一半的真相

– 含糊其辞（例如把胡扯说成是"另一种真相"）

胡扯工具包的目的是帮助其使用者评估他们自己的胡扯，并筛选出其他人的胡扯。只要工具包有用，我们就会悲观地认为，胡扯很快就会变成过去的事情。有太多营销人员喜欢夸张了，而且有太多观众已经准备接受传播给他们的这些话了。但这并不一定是坏事。如果我们只是想识别胡扯，那么卡尔·萨根和哈利·法兰克福的建议就是有帮助的。但是如果我们有更高尚的愿望呢？如果我们给自己设定的减少胡扯的目标已经在世界上发生了呢？

One Feeds Two：拒绝用胡扯喂养贫困儿童

One Feeds Two的故事始于坎贝尔，他放弃了在企业法方面的工作，在爱丁堡建立了一个美味汤公司，名为大象果汁。他的目标是，每卖出一份汤，就向一个草根喂养计划捐一分钱，来向生活贫困的孩子资助一份校餐。在公司运营的前16个月内，共资助了37500份校餐，坎贝尔到肯尼亚走了一趟，想了解一下他产生了什么样的影响。这一次体现了两个重要的方面：在一开始，看到给孩子们提供的校餐产生了积极的变化，让他感到非常高兴；但是这次出行也让他看到了还有很多孩子吃不饱——37500份校餐只是接触到了问题的表面。坎贝尔返回英国后，决心要找到一个方法把他的想法扩大，减少挨饿的孩子。所以他召集了一支团队，来帮他做到这一点。

他找到的第一个人是马克·克里斯托弗斯，他跟别人共同成立了西康沃尔馅饼公司，后来又把这家公司卖掉了。坎贝尔和克里斯托弗斯都认为，这家美味汤公司不太可能达到所需的规模，但是克里斯托弗斯对这种每卖出一份汤就向一个贫困儿童提供一份校餐的机制的简单性非常热情。这正是他想为他的馅饼公司和他的新公司Rola Wala寻找的想法。他们认为，其他的食品企业家也会喜欢这个想法，并能帮他们实现所需要的规模。此时，二人找到了欧文·伯顿，欧文当时正担任南非布兰森创业中心的临时首席执行官。他的作用是帮助他们开发提议，并将梦想变成现实。

根据大部分的标准来看，这个团队是极为成功的。自2013年成立以来，One Feeds Two已经资助了超过400万份校餐。在2015年，他们与英国的汉堡连锁店拜伦建立了合作关系，让全国都看到了这个品牌。2017年，该团队与餐饮品牌Mindful Chef签约，到目前为止又增加了60万份校餐。2018年，他们登录了美国。他们与库克公司的合作预计到2020年将提供至少200万份校餐，而克里斯托弗斯的新连锁店Rola Wala已经利用几辆卡车提供了近50万份校餐了。但是，还有很长的路要走。这个问题的规模大约是每天6700万份校餐。他们的一对一模式意味着One Feeds Two需要从相等的用餐数量中来吸引资金。这是个巨大的数字，但并不是遥不可及的——可能需要英国和美国的每一个人每隔五天就购买一份One Feeds Two餐。如果伯顿、康贝尔和克里斯托弗斯使用"用结果判定方式"的方法来实现这一目标，也是可以理解的：只要孩子们能有校餐吃，谁会在乎One Feeds Two团队说一些善意的谎言，或是违反一些规则呢？但这并不是伯顿看待世界的方法。当他看到周围现有的饥饿缓解计划时，他看到了胡扯的扩散（坏的胡扯）：

欧文·伯顿　食品公司可通过其他很多机制来缓解发展中国家的饥饿情况。在Soho地区，有一种昂贵的午餐，两个人吃大约需要200英镑，在结束的时候，他们会问用餐的人能否捐出1英镑。我觉得这种做法失去了平衡感。我发现的另外一件困难的事就是，这1英镑的捐款并不透明。我相信这1英镑的大部分都能用到该用的地方，但是我不知道的是，这1英镑是用来提供一根超级营养能量条呢，还是提供3份校餐呢？因为他们需要向管理者付款。

这种均衡感绝对是One Feeds Two模式的核心。买了一份餐的人会知道，他们资助了一份校餐，同样，如果有人买了一双TOMS鞋，那么他们就知道他们为需要的人提供了一双鞋子。很多饥饿消除计划的这种均衡感的缺失，对我们来说，就像是在把吝啬当成慷慨来炫耀。我们需要反对胡扯的另外一个方面，就是很多食品公司认为，为人类和地球做点事的最好方法，就是向与他们的业务无关的企业社会责任计划进行投资。我们在食品业以外见到了很多这样的例子——化学品公司资助拓展训练课程、石油公司支持艺术以及银行促进老年人数字读写能力项目等。与这些项目的好目的一样，它们经常要么是面子工程，要么是对可持续性发展问题的下意识回应，而这些问题与支持这些活动的公司只有少量的联系。One Feeds Two对于想要做出改变的食品公司来说，是一种更积极和更有效的替代方案：

人们都希望现在的公司能做些好事。这是一件好事，但是对于公司来说，这也是一种巨大的负担，因为有很多不同的要求——你要有非盈利的思维，还得找到正确的方法。很多很好的企业主只是抓住了他们遇到的第一件好事。在这一方面，我们遇到了一个例子，是一家披萨公司，他们将钱捐给癌症研究项目，虽然这是一个很好的捐钱方向，但是与他们的故事没有关联。他们永远不会从这件好事上得到好的反馈，但是这真的很重要，因为人们得到好的反馈越多，就越愿意去做这件事。

在这本书的其他部分，我们讨论了企业合作的重要性。对于这种一个企业无法单独完成的挑战来说，合作尤为重要。每天提供6000万份校餐实际上就是这种巨大的挑战。One Feeds Two的团队对合作有着敏锐的直觉，并且重视食品公司和慈善机构在实现这个愿望中的重要性。对于他们而言，食品公司的运营空间具有极高的竞争性，需要为需求越来越大且越来越复杂的客户提供难忘的体验，与此同时，还要应对不断增加的原材料成本、租金和员工工资。慈善机构面临的挑战也不小，他们要采购食材、应对各种意外天气情况、政治情况和社会情况，而且还要进行协调，保证校餐的可靠供应。在这个规模上的合作，需要大量的信任。而对于伯顿来说，这意味着One Feeds Two需要在一开始建立关系的时候就保证诚实。

在我们与合作伙伴早期的谈话中，我们都是完全诚实的。我们在一开始，就说明白了哪些事情是不能让步的。我们这样做，是因为我们不希望让他们后来遇到什么惊讶的事。从我们的观点来看，如果一个合作伙伴进来了，但是没有发挥正确的作用，那么就不值得我们与他进行合作。如果这意味着我们的机构要暂停一下，那么我们也是宁缺毋滥。

这种"一对一"的方式在建立One Feeds Two的可信性方面是极为重要的。他们有很多的保证措施，确保有人购买该活动的用餐时，他们能够相信捐出的款项会用来提供一份校餐。伯顿和他的团队保证，他们只跟管理成本低的合作伙伴合作。他们为这些校餐付款，而且每年都会要求慈善机构确认他们能够提供校餐的价格点。每一笔捐赠都要得到验证，就像是提供的校餐的数量。伯顿在与食品公司的合作中也是同样严格的，这些食品公司愿意遵守严格的质量要求，来保证付款和报告的透明度。慈善机构的目的不仅是筹集善款，他们还会通过正确的方式筹集善款。这其中就包括通过让食品合伙人来确定校餐的内容来保持均衡性，这样一来，他们就能有信心地实现"一餐换一餐"的承诺了。并不是所有人都想参加。有些食品公司很喜欢这个想法，但是希望通过在"校餐"的内容上做文章来欺骗系统——以最小的投资获得最大的利益的方法。对于所有回赠来说，总有一些公司想要尽量少付出。One Feeds Two团队也遇到过一些这样的情况。

我们不得不做出的一个重大决定就是结束与一家大型连锁店的合作，这项合作耗费了我们几个月的时间。我们跟他们高层中的每个人都见了面，不止一次地展示我们的概念。他们表示愿意驾驭，但是在确定产品内容和价格点的时候，他们提出的捐款比每天每个地点的一杯咖啡的价格还低。这种情况可能会彻底破坏我们的概念。这样做可能会赢得好名声，来吸引其他的合作伙伴。这样做可能能够吸引客户的注意。但是做了这个决定之后，我从来都不后悔。我不希望我们听起来就像是什么了不起的特权俱乐部。我们这里有一些基本的原则。这件事情必须以对称且透明的方式来完成。尤其是现在我们有了很多忠实的食品公司，而且还有很强的责任感来保证我们总是能够积极地回应他们，而且我们永远不会允许任何人利用One Feeds Two。

拒绝这些机会很有可能会限制One Feeds Two的短期"成功"。无论代价是什么，用结果证明方式的方法付出的总会超过校餐，但是在伯顿的字典里，这样做会妨碍校餐供应的持续性。如果这样做危害我们明天给更多的孩子提供校餐的能力的话，那么今天欺骗系统说多给一个孩子提供了校餐就没有意义了。要诚实就要在短期内做出牺牲，但是伯顿相信，在长期看来，这样做对每个人才好。所以，是什么问题让他彻夜未眠？他讨厌别人问他什么？

我们讨厌的问题是"今天没有吃到校餐的孩子该怎么办？你们有没有尽一切可能的努力来帮助这样的孩子？"

One Feeds Two坚持不胡扯的不利方面是：说谎能够给各家公司省钱，能够帮助各家公司抄近路，并能让他们做出财务上的妥协。它帮助他们把自己提升为现实主义者，并把任何不同意他们观点的人斥为理想主义者或幻想家——在他们的眼里，One Feeds Two就是这样的机构。这些事情非常依赖伯顿的想法，因为他们影响着数百万儿童的健康和教育。诚实的代价是巨大的。而且不仅包括拒绝大公司。让他们的模式在小公司中发挥作用甚至是更大的挑战：

这个礼拜，我收到了一位开幼儿园的女士的来信，她想知道One Feeds Two是怎么运作的，以及她如何才能参加。她是一个小企业主，但是也想尽自己的一份力量做些好事。我很愿意与她合作。但是如果说她那里有20个孩子，那么要想让她每天都为我们捐20份校餐，我们就得让她面临同样的检查、确定透明度、给她开发票、检查她的付款情况，并确保她不会误传与One Feeds Two的合作。所有这些的成本超过了捐出的校餐的价值。我们不能改变我们模式的基本经济性——而且不幸的是，这种模式对于这样小的规模是不起作用的。这真的很困难。这可能能为20个孩子提供一年的校餐，这也是我们希望看到的事情。所以这是非常有技巧的事情。

他们从这里要走向哪里？One Feeds Two取得了令人惊讶的成就，但是还有很长的路要走。此时此刻，他们能够通过英国的合伙公司和美国的合伙公司提供1500万份校餐。伯顿和他的团队注意到，他们还有很长的路要走，但是这并不意味着他们会在任何时间放弃。英国和美国的人口每天总共能消费2亿份餐。这个问题很大，但是克服这个问题的潜力更大。可能One Feeds Two只能够扩展到某个点，或伯顿及其同事能够找到一种方法来发掘出幼儿园、咖啡馆和独立餐馆的巨大潜力。但是无论走多远，他们都不可能妥协。其他的一切都是胡扯。

本章结语

用其他人的胡扯作为做好事的动力。

PART 16

与克莱尔·法兰特（Claire Farrant）的对话

利德连锁超市营销主管

品牌的质量对你来说意味着什么

质量：商业中最尴尬的词汇之一。质量难以定义，几乎不可能测量。地球上的每个企业都想改善质量，但是很少有企业能够回答与质量有关的最基本的问题：

－ 谁来定义质量？

－ 是否可以把质量更好地描述为没有失败或是达到理想状态？

－ 多少质量才算够？

－ 过程的质量与成果的质量一样重要吗？

即便是简单的业务，也没有简单的问题。以瓶装水为例。谁来定义质量？是消费者、食品标准机构、可持续性非政府组织，还是科学家？从我们优先考虑的视角，瓶装水的质量可以按照美学设计、矿物质成分、环境影响、口味、纯度或上述所有内容的组合来定义。那么装水的工人的福利是不是也要算到对质量的定义中呢？瓶装设备对本地公司的影响呢？在人们能够获得干净自来水的地方，瓶装水的销售是否恰当？尤其是在一个10%的人口仍然在饮用没有污染防护的水的地球上。

你怎么测量质量？

对于质量，我们能够确定的是，质量是个非常麻烦的事情。1987年，哈佛商学院教授戴维·加文建立了一个八个维度的质量模型，来帮助管理者们选择关联性最高的质量测量值，以便于进行对比。

1. 性能：产品或服务满足预期功能的测量值。这些测量值比较宽泛（如汽车中的燃油效率就可能是正值），但是也可以是与某特定任务有关的（如果我开的是拉力赛车，那么我可能会关心制动器的马力，但是如果我要开车送孩子去学校，那么我可能会更关心车座的数量）。

2. 产品特征：给某产品或服务的基本功能锦上添花的东西，例如法拉利F12上的碳纤维杯架。

3. 可靠性：产品或服务在规定的时间段内出现问题的可能性，当"停机时间"成本较高的时候，这一点尤为重要。

4. 合规性：产品设计界和运行特点满足既定标准的程度——如果你是零件生产商，这一点尤为重要。

5. 耐用性：在某产品损坏之前，我能使用的数量——这个概念经常被灯泡和智能手机生产商忽略。

6. 可维护性：维修某产品的速度、后果和方便性，以及产品维修后的满意水平。

7. 美学设计：这是一个更加主观的维度，但是对于拥有阿尔法·罗密欧汽车的人来说是至关重要的。

8. 感知质量：最终的救命稻草！质量就像美丽一样，最终取决于观看者的眼睛。

极少有产品能在这全部八个维度上进行竞争，但是对于希望使用加文模型的人来说，几乎所有公司都必须在第八个质量维度上进行竞争。向客户出售产品的公司是在向人出售产品，而且每个人都会根据感情和合理性的组合来做出决定，且感情肯定是在主要位置。

即便在数据丰富的市场上，感知和感情也有话语权。比价网站能够向其用户提供关于电力供应商的全面数据——客户评级、定价细节、环境业绩、合同条款等——但是用户几乎总是会选择他们感觉舒服的公司，而不是只选择电费最低的公司。无论你喜不喜欢，客户的感知对于公司对质量的定义都是一个关键的因素，而且，不客气地说，客户并不总是对的。

价格何时能够有所帮助

因为测量质量是件非常麻烦的事，所以很多人就会用一种非常简单的方法：价格。这并不是投篮。经济学家约瑟夫·斯蒂格利茨指出，价格对于不了解行情的客户来说，完全是一个很合理的质量指标，但是市场上要有足够的了解行情的客户。这些了解行情的客户会"规范"市场，所以价格差异会体现质量的差异，因此不了解行情的客户也能间接受益。所以，虽然我不怎么懂红酒，但是我相信，越贵的红酒，质量就越好，但是，我要在懂得红酒行情的人经常出入的店里买红酒。这是很重要的警告。你并不总能买到你想要的东西，而且只在有足够数量能够识别质量且愿意买单的客户时，斯蒂格利茨所说的规则才有用。这还需要在供货方面存在合理的竞争——当我在一家餐馆里，需要在要价过高的红酒列表上选择产品的时候，用价格作为信号就不好用了。此时，我会让懂红酒的人来帮我挑选红酒。

所以，如果不能依靠价格来说明质量，那么企业如何才能劝说客户相信其产品的质量呢？尤其是当你提供的产品的价格低于竞争对手的时候。

利德连锁超市：物美价廉

几乎任何市场的竞争性和残酷性都不如英国的百货市场。国家级的企业如英国乐购和莫里森超市为赢得消费者争得不可开交，另外还有沃尔玛、阿斯达和塞恩斯伯里等。利润薄如纸，而且成败往往取决于其在一周时间内的表现。在过去的5年里，阿尔迪和利德等德国折扣商店在英国的受欢迎程度扶摇直上，给现有的各大品牌带来了巨大的压力。这些折扣店永久地改变了百货市场的格局，他们的做法就是以更低的价格向"四大"超市提供质量相同的产品。虽然"折扣店"这个词容易使人与商品品质不佳联系起来，但是事实证明，"折扣店"已经变成了一种荣誉的徽章。阿尔迪和利德现在能够吸引到中产阶级的客户，他们已成为精明和朴素的代名词。

利德的英国营销总监克莱尔·法兰特也经历过类似的情况。她在2015年加入该公司，在此之前，曾在英国乐购工作过10年，而且还花了一段时间来适应在一家折扣店工作的想法：

克莱尔·法兰特 大约两年半之前我来到了这里。之前的工作经历告诉我，折扣店卖的东西都是些便宜货。现在我知道他们是怎么运作的了，那就是高质量和低利润。我觉得折扣店真的很棒。在一个大家都朝一个方向发展的世界中，我觉得折扣店会给我们不一样的想法。我为这个词而骄傲。

利德对于价格干扰有一种令人敬佩的方法：通过消除其他公司看不到或拒绝处理的低效现象，来同时提高质量和价格。对于利德来说，这意味着减少我们已经习惯了的大量选择：

> 你可能会来到四大超市之一，看到有80种酸奶可供选择。但是谁需要80种酸奶呢？作为消费者，我不想为此支付更高的价格。所以我们把范围缩小到一半。这意味着，人们为每件商品支付的价格更少了，而且在购物的时候能更快速地做出选择——帮他们节省了时间。这种简化的商业模式能够让我们的物流和存储模式保持合理和高效，从而保证我们最终能够同时在质量和价格上满足客户的需要。

利德的简化策略令人吃惊的一个方面就是，这种策略不仅提供了价格优势，而且还产生了更好的购物体验。在2004年，美国心理学家巴里·施瓦兹提出了选择悖论的概念：在某个点上，选择不再是自由的，而是变成了专横的。事实证明，选择太多的话，会让决定变得更加困难，而且会增加完全不做决定的概率。所以范围的简化不仅能提供更专注和质量更高的系列产品，而且还能改善购物者在选择产品时的体验。贝恩公司在2006年进行的一项研究认为，降低复杂性和缩小选择范围能够让营业额增加5%~40%，并能将成本降低10%~35%。这一切似乎很容易，但是在利德，这些是多年积累之后才实现的：

> 我们的重点之一，就是寻找高质量的产品。我们在质量方面从不让步，因为在价格上已经让步了，如果有必要，我们会减少一点利润，从而向客户提供他们希望得到的高质量产品，以及市场上最低的价格。我

们投入了很多时间来建立我们的商业模式、改善我们的物流以及打磨向英国客户提供的产品，然后才会开始向客户说明我们的质量。我觉得，这才是应该做的事情。现在，我们能够自信大胆地交流了，而且得到了整个行业的支持。我们绝对能保证自己说过的话。这是绝对正确的。

拥有一流的产品并不能保证成功，即使价格更低。实际上，经验告诉利德的营销团队，合理的以价格为导向的交流，能够强化折扣店的旧观念：

折扣一词中含有的意思是"便宜"，而不幸的是，有的时候是"便宜和低劣"。有些人则根本不看折扣信息。我们发现，如果我们只是做理性的（价格为主）的广告，那我们的质量追踪就会略显差劲，因此，我们仍需要让我们的客户安心，并且在理性和情感之间进行平衡。

法兰特和她的团队面临的挑战是如何创造关于质量的好故事，从而不会受该品牌低价格的不利影响。该企业对产品质量有一种坚定的信念——供应商、审计员和买方都要进行严格的检查，来保持严格的质量标准，而且价格不会影响商品的质量。根据其商业计划的逻辑，利德营销方法的逻辑既简单又强大：

人们常说"一分钱一分货"。人们没有期望我们的产品具有很高的质量，但是我们的产品质量就是好。我们的产品有三分之二来自于英国。人们都知道，我们以价格取胜，而质量则是惊喜，而且我觉得，这也促进了我们的发展和成功。我们从一无所有到得到了英国客户的关注。人们发现了我们，而不是把我们当作一个一直存在的商店，或者伴随人们成长的商店。在发现利德的过程中有一种魔力。那里有一种真正的精明。

法兰特和她的团队没有毛遂自荐，而是认为"展示"要比"劝说"更能打动公众，让大家认为利德关注的是质量。利德的力量在于你得自己去发现它，所以利德与"黑粉"——在社交媒体上公开批评该品牌质量标准的公众——进行沟通，他们会邀请这些黑粉实地考察一下他们的供应链，来见见为其研发产品的人，了解一下该公司对产品的诚信和质量的忠诚度。客户能够在第一时间见证利德魔力的来源——挑战偏见被视为一种强大的营销工具。作为一家小公司的好处就是，通过瞄准一些开明的早期采用者，也能实现显著的增长。在利德，这种做法使他们与其客户之间建立了值得骄傲的关系：

我们为自己感到骄傲，因为我们的客户非常理解我们。他们手里都有资料。如果你观察一下在利德购物的人，你经常会发现，他们很多人都会使用手机查看价格。我们的客户可以很有自信地说，我们的价格没有猫腻。我们的质量也没有猫腻。投机取巧不是我们的做法。我们从来不自吹自擂。我们能够做好我们的工作，而且我们对此有足够的信心。我们的客户能够理解，而且他们能看清楚这一切。

这种对客户的忠实深入到了细节。例如，利德在90%的水果和蔬菜上不会标示最佳食用日期。因为他们会进行严格的检查，确保在货架上的商品都是新鲜的，由客户来决定在他们消费之前商品的存放时间。这种对简单和信任的关注扩展到了利德的企业文化中。温布尔顿的总部与其零售业务的规模相比就显得太小了。与强大的英国乐购相比，利德就像是一辆大众甲壳虫汽车：

我们是一家灵活性很高的企业。我们有一个很小的总部，但是运营着巨大的零售业务。这意味着，我们的层级意识很弱。我们可以在周一提出想法，并在周五开始实施。如果我们真对一些事情感兴趣，那么就会立即着手去做。我们能够迅速做出反应，因为我们没有太多的条条框框。从文化上看，这绝对是非常棒的，会有一种家的感觉。你给一个企业增加的复杂性越高，其成本就越高，而难受的是客户。保持简单，就是利德的魔法。如果某个想法以某种方式干扰我们的业务模式，那么我们一般就直接放弃，因为这个想法传递到客户的时候，可能会造成成本，而这是我们永远都不会做的。

衡量利德方法质量的最终标准，就是客户会不断回来买更多的东西，而且数量会越来越多。在这一切的背后，是一种令人印象深刻的纪律感。随着业务的增长，复杂化的趋势将变得不可阻挡。凭借着自由和灵活，克莱尔·法兰特和她的团队体现出了对保持简单的专注度。如果没有这一条纪律，那么利德可能会逐渐失去其魔力。纪律性是福特、纳拉亚纳和利德等公司的决定性品质。一个公司及其产品的质量与其开展业务所遵守的纪律是成比例增加的。

本章结语

质量需要纪律。

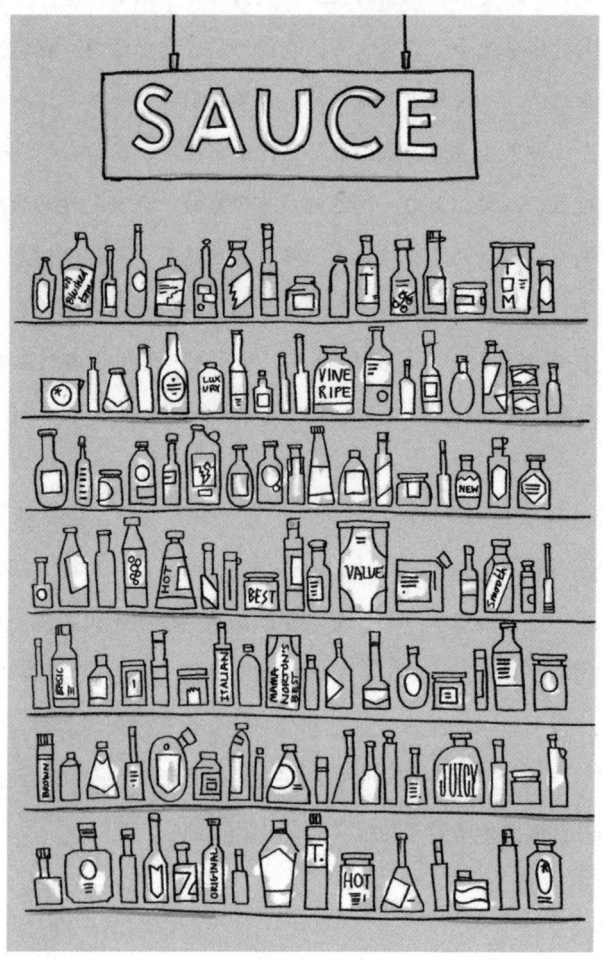

PART 17

与马丁·布鲁克斯（Martin Brooks）的对话

沙克尔顿公司联合创始人

造成
品牌死亡的最大
原因是什么

"每个人都有计划，直到被拳头打到脸上。"

这是迈克·泰森在接受赛前采访时，被问及关于对手会用什么战术的问题时说的话。泰森并不是以其聪明才智而出名的，但是这句话里包含了对于研究策略的人最重要的教训。在某一时刻，策略必须面对现实，而现实总会取得胜利。用泰森的话说："如果你很棒，而且你的计划正在实施，那么在你做事的过程中，你被激怒了，这是最坏的结果。让我们来看看你是怎么处理的。一般情况下，人们都不能很好地处理。"

项目会受阻、计划会泡汤、创新会失败、市场会被干扰。商业的现实就是不会一直向着既定的目标前进，即便这是策略所展示的世界。现在的发展趋势是围绕一个大胆而雄心勃勃的长期目标，来塑造公司的策略。但令人感到讽刺的是，我们一般都不善于预测或塑造未来。谷歌的使命就是"组织全世界信息，让所有人都能获得和使用这些信息"。脸谱网想要"让人们能够建立社区，并将世界变得更加紧密"。亚马逊的愿景是"成为世界上最以客户为中心的公司，打造一个让人们在这里能找到他们想要的一切的空间"。

以退为进

这种总以目的或任务为动力的策略形成了一种战略思维，名为"回推"：计算出一个愿景，然后向后进行反推，来确定实现想要的最终状态所需的步骤。这是一种很有用的方法，能够确定实际的、逐步的长期步骤，最终实现长期目标。如果谷歌的创始人拉里·佩奇和谢尔盖·布林能够使用回推法来确定谷歌实现其使命的策略，那么他们应该会用到以下三个步骤。

1. 确定领域：如果目标是组织和提供全世界的信息，那么就应该列出需要加入哪些类型的信息，以及每种类型信息的优先次序，这要依据信息的重要性和当前的可用性。在这一阶段，还需要确定能够参与到项目中的相关受众——当前拥有、控制和管理每一种信息的人。

2. 确定未来的场景：建立一个（或一系列）场景，确定如何采集、组织和提供每一类信息。例如，对"谷歌地图"进行可视化，从而将世界上所有的地理数据进行合并，并帮助人们在全世界进行导航，并且还要开发出"谷歌地图"所需的一系列功能和利益，来实现该公司的首要愿景。

3. 制定路线图：对于每一个场景，都要确定一条时间线，其中"现在"在最左边，而实现场景的规定日期在最右边。然后沿着时间线向回走，来讨论并确定所需的行动和事件，从而实现所需的成果。

4. 制订行动计划：确定短期的行动、所需的资源、成功的措施、关键节点和审查日期。

在执行过程中，应当按照行动计划对进度进行测量，而且要对路线图进行更新，来体现在执行阶段采集的知识。回推法是一种主动、有效和有逻辑的方法，能够通过短期的行动来创造长期的价值。但是这还远远不能保证成功。研究心理学家盖里·克莱恩在2007年提出了提前尸检的说法，他的观点是，想象一个项目已经失败，可能是一种从一开始就能有效识别风险因素的方法。提前尸检的运行方式和回推法是完全相反的。一旦确定了实现既定目标的路线图和行动方案，那么团队就要想象一下策略失败时的情况。从个人来看，每一名团队成员都应当注意到失败的根本原因，将他们想到的原因与团队进行共享，从而减少失败的来源，并让行动计划变得更加灵活。

提前尸检是一种方便的方法，可以邀请同事对策略进行直白的批评。哈佛和北卡罗来纳大学的研究人员在2017年进行了一项研究，他们发现，我们倾向于躲避会提供这类反馈意见的同事（也就是所谓的"否定反馈"），因为这种反馈未能确认我们自己认为的做得很好的工作。提前尸检的作用在于，这种方法能够提供一种安全的空间，在这样的空间里，对某个策略的批评可能已经由组织的最顶层提出了。

如果计划需要改变该怎么办？

与生活中的大部分事情一样，策略在一开始很少是完美的。当现实出现变化时，过程就需要纠正，而行动计划则需要修改。根据当时在场的人，拉里·佩奇和谢尔盖·布林在建立谷歌时，没有使用任何这样的方法，至少是一开始没有使用。虽然他们提出了一种了不起的产品，但是一开始的计划却是磕磕绊绊，没有什么成就，就像泰森预测的那样。他们一开始尝试将他们的PageRank软件授权给现有的搜索引擎，但是却被拒绝了，因为他们的业务模式的重点是让用户在他们的现场；他们想要提供用户需要花时间浏览的结果，而不是提供相关度最高的搜索结果。在埃里克·施密特和雪莉·桑德伯格到来之前，该公司的策略一直都没有什么重点，产生了大量的不安情绪，因为佩奇和布林在那之前，不太愿意在网站上打广告，因为他们觉得这样会影响搜索功能的质量。桑德伯格将谷歌发展成一个全球性的巨型企业的经验教会了她为诚实——或否定——反馈建立一个安全的空间是多么的重要。当她在谷歌组建团队的时候，她就意识到，对每个前来应聘的人进行面试的做法拖慢了招聘过程。这说明她的团队成员已经发现这是一个问题了，但是没有告诉她。她在与雷德·霍夫曼进行面试的时候顿悟了，然后她这样描述这个时刻："我以前觉得我的面试是非常重要的，其他人都不如我的面试重要。我是他们的老板、经理。如果他们不告诉我，那么责任就在我。我意识到，我得让他们觉得在我出现问题的时候可以开诚布公地说出来。"

提前尸检是产生这种安全感的简单方法，而且当企业在摸索前进的时候尤为重要。情况越是不可预测，收集反馈信息并预测失败来源就显得越重要。这是一大群失败的南极探险家用生命发现的东西，可能没有人比罗伯特·斯科特更明白这一点了，在通往南极的道路上，他最终败给了罗尔德·阿蒙森。斯科特是海军出身，而且人们认为他的军旅生涯使他明知道注定失败，也不愿改变最初的计划或放弃任务。事实证明，他的毅力和勇气无法与阿蒙森的强迫性计划和在形势需要时改变方向的能力相比。

沙克尔顿：险中求胜的案例研究

　　欧内斯特·沙克尔顿可能是了解如何在危机中将失败的极地探险转变成卓越的领导力的最好的案例研究了。1914年8月，他出发前往南极，想要成为第一个徒步穿越南极洲的人。他的计划是乘船穿越威德尔海（到处都是碎冰）到达南极洲，在Vahsel湾登陆（没有确定的登陆地点），然后徒步穿越南极（沿着没有标明的路线）。沙克尔顿在制订计划的时候就注意到了这些挑战，但是，当海水提前结冰并撞坏他的船时，这些计划就全变了。他和他的27名队员乘坐救生艇来到了大象岛，在那里，他留下了22个人，并与5个人一起出发寻找救援。

　　沙克尔顿和他的小队划着救生艇航行了800英里的路程，穿越了暴风和黑暗，最终抵达了南格鲁吉亚，在那里他们被连绵的山脉阻断。经过四个月时间，在做了三次失败的营救尝试之后，沙克尔顿终于返回到大象岛，成功营救了在那里等候他的探险队员，并保证所有28人都活了下来。

　　在欧内斯特·沙克尔顿出发前往南极的100年之后，马丁·布鲁克斯正在希腊的扎金索斯岛过暑假。他遇到了一个人，正在读探险家雷纳夫·法因斯写的一本关于斯科特船长的书。

　　他们两个都认为沙克尔顿是个更好的榜样，并讨论如果能用他的记忆建立一个品牌是多么有意思的事情。这位读者就是伊恩·霍尔德克罗夫特，在两年之内，这两个人成立了一个团队，收购了沙克尔顿设计制造有限公司，并决定将其从班卓琴生产商转变成一个性能服装品牌。

公平地说，马丁·布鲁克斯绝对是沙克尔顿迷。而且他决定成立的公司及其出售的产品和体验都是真实的。

马丁·布鲁克斯　我们正在创立公司的初级阶段，而且我们相信，这个故事、这个人和我们建立伟大品牌的价值观都具有足够的力量。我们要创造兴趣。我们从哈维·尼克尔斯和很多故事里得到了很好的灵感，而且很多人对此都很感兴趣。但是，恕我直言，创立这个品牌很容易。

真的是这样。我们得到了一个需要讲述的长达110年的故事以及一个应当存活下去的品牌，而且人们喜欢且想要这个品牌。我感觉就像是我们得到了一件了不起的东西，因此我们有责任用它来实现一项伟大的事业。这是一项我想全身心投入进去的伟大事业。

沙克尔顿的团队有一个优势，那就是有大量的历史材料和手工制品。沙克尔顿出生在发明照相术之后的40年。因此留下了一些语音记录和影片材料。他是一位多产的作者和诗人，因此对他和他的思想有丰富的见解。他的队员也会写一些关于他的东西，通常都是很热情的：

他是一个有缺陷的天才，但是有了不起的魅力。有人曾经说他就像是一股强风。他用自己的个人魅力把所有人都团结在他周围。他的队员称他为"老大"，因为他的确在负责，没有他做不了的工作。他会抢着做最脏最累的活，而且是最后一个吃饭的人。关于他的无私，还有很多精彩的故事。

关于沙克尔顿探险的最有名的故事就是他的招聘广告了："招人。旅程危险、工资不高、极度寒冷、长期黑暗、风险永在、回归未知，一旦成功，即可成名。"

这则广告可能从来没有发表过，但是沙克尔顿的确进行了一些不同寻常的招聘活动。例如，他会让一些申请探险的人吹口哨或唱歌。如果他们拒绝，那么他就会拒绝他们的申请，可能理由是他们不肯遵守命令，或只是因为他们不善于运动。很难不去想，这种疯狂行为中的某些方法影响到了马丁·布鲁克斯和他的同事。他的联合创始人是一个超级马拉松选手。他的电子商务经理热爱爬山。他的产品设计主管教过滑雪。他的内容经理酷爱游泳。而且，当然，马丁·布鲁克斯自己到过南极。沙克尔顿品牌创立时依据的概念是，当我们有勇气克服逆境的时候，我们就被改变了。这就是我们变得真正活过来的时候。而且这种勇气并不只是体现在团队中——还体现在商业计划中：

我们开发的这个东西叫提升策略，也就是说，如果我们买的夹克衫与其他人的价格一样，那么我们就没有机会创立一个品牌，因为我们无法实现规模经济。然而，如果我们说："好吧，我们会减少产量，但是我们会给你做你能买到的最好的夹克衫，这种夹克衫的材料与航天服的材料一样，或者夹克衫里有金属网，可以与你的手机连接，当你穿上的时候，能让你的信号强度加倍。"然后，它就突然变成了一种生命支持系统。

这对于创立品牌来说是一个高风险的方法，尤其是在一个像加拿大鹅和盟可睐这样的品牌已经花了几十年的时间来建立强大忠诚的拥趸的行业里，这些人愿意为一件外套花3000英镑。马丁·布鲁克斯没有设想他的策略会奏效。他的想法很明确，但是他最喜欢的沙克尔顿的一句话是："人必须直接给自己设定新目标，这样旧的目标就会消失。"换句话说，爱冒险的企业——无论是穿越南极还是建立新的业务——的重要组成部分，就是你的计划在某个点会展示出来。在这个点，重要的一点就是要保持专注和灵活。还有一点就是，要懂得接受失败，在这一方面，马丁·布鲁克斯还相对不熟悉，虽然他有很长的创业史。

我以前真的没怎么失败过。事情总是很顺利。这是第一次，在51岁的时候，我发现有些事情可能不会成功，或是有合理的机会导致这件事情不会成功。在人生的后半段遇到这样的事情是很有意思的。这真的让人感到不舒服，但是我会想，这至少不是在1914年，而且我的船也没被浮冰撞沉。我醒来的时候，不是在快要裂开的浮冰上。

那么，是谁让马丁·布鲁克斯开始考虑使用提前尸检的？他怎么确定他离开房间是因为批评反馈？他做了一切能做的事，来与他的联合创始人和同事开诚布公地交流。他努力地招聘了一群兴趣广泛和经验丰富的人，包括博柏利的前首席运营官和一位酷玩乐队的成员。但是他有一个补充团队，能够提出关于成功和失败的建议。而且这是一个想象中的团队。

这是一个疯狂的想法，但是我的脑子里总是有这个想象中的马丁·布鲁克斯团队。我的父亲在里面，而且欧内斯特·沙克尔顿一直坐在最后面。他会说："毕竟困难就在那里等着你去克服。"他会激励我勇敢地站起来去克服困难。如果这个品牌不是关于他的，那么我觉得我可能不会承受这么大的压力，来尝试在2016年建立一个服装品牌。他总是站在我右后方一步半的地方。

沙克尔顿还有最后一条格言能帮助马丁·布鲁克斯和他的同事及团队找到方法，在一个竞争激烈的行业中建立新的业务。这就是在警惕和勇敢之间找到适当的平衡单：

他的队员叫他"老警惕"，因为他总是检查第二遍。令人难以置信的是——而且对于我们这家企业来说，非常值得学习的事——他们常说他对于情况总是很实际的，而对于结果总是很乐观的，这是我真正喜欢的地方。在一个非生即死的环境中，他会说："我们可能有95%的概率会死，但是有5%的概率不会，所以我们要争取这5%的概率。"我们坚信，10年之后，这个品牌的价值会超过一亿英镑，而且我们很快会觉得可能不会。所以我们对环境很现实——现金流、竞争、利润率等——但是我们对结果很乐观。

过度谨慎会让一个企业难以实现其目标。沙克尔顿的格言对于如何在多变和不确定的条件下做出决定，提供了一个有益的指导。提前尸检可能是一种非常宝贵的方法，能够让人们发现企业中的潜在风险，但是适当的勇气和乐观也是必须的，这样才能做出积极的决定，并在其他人都退缩不前的时候取得成功。

本章结语

对环境要现实，对结果要乐观。

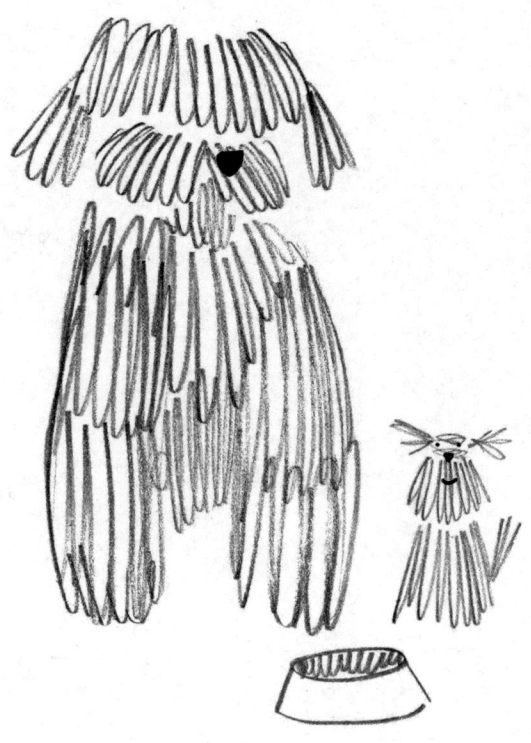

PART 18

与莉斯·沃纳（Liz Warner）的对话

喜剧救济基金会首席执行官

你有多少次在做项目时对结果感到焦虑和不确定

我们可以用另一种方法问这个问题：你在工作时多久哭一次？

当然，我们大部分人都不愿意在同事面前回答这个问题。2016年，来自哈佛商学院、康奈尔大学和密歇根大学的研究人员对于我们如何面对工作压力进行了一次研究。他们的假设是，我们会将压力看作无能和依赖他人的表现。换句话说，在工作中哭，说明没法胜任这个工作。研究人员向202名全职人员进行了提问，询问他们在工作中是否经常感受到压力：99%的人回答至少感受到一次，而55%的人承认至少每周能感受到一次压力。所以，在一定程度上，我们都在同一条船上。对于我们中一半以上的人，压力是每周都有的——而且有可能会对感情、工作满意度、旷工和员工留任产生各种负面影响。

这种现象并没有被人忽略。现在已经出现了大量的慈善机构和福利项目，来鼓励人们更开放地讨论工作时的精神健康。世界卫生组织预计，因压抑和焦虑导致的生产力的丧失，每年会给全球经济造成一万亿美元的损失。世界经济论坛建议，促进工作的积极方面和员工的优势。这个建议是与哈佛商学院在2016年的研究发现一同提出的。该研究发现，通过热情而不是感情来重塑工作地点的压力能够改善对员工能力的感知。所以，下次当你在工作时感到焦虑和不确定的时候，应当在你对手头任务的热情方面找原因。不幸的是，研究人员发现，对于能够压抑其感情的同事，人们的回应是最积极的。在焦虑面前保持冷静的能力会让我们看起来具有超高的工作能力，但是可能会消耗我们的本性以及与同事建立有意义的长期联系的能力。虽然我们经常会听到感情诚实的重要性，但是实际上我们都愿意看到我们的同事保持坚定沉着。

感情的公开展示

这项研究的一个有趣的附带说明涉及性别差异问题。人们认为，男人对感情的公开展示可以被认为是他们热情程度的表现，而女性对感情的展示一般都更加分散。但是，研究人员发现，在他们所有的实验中，都没有一致的证据来证明这样的假设。在感情方面，人们对男人的评判更加严格，尤其是出现高强度压力的时候。而在另一方面，在体现低强度压力的时候，女性会受到更多的批评。我们知道性别对于我们对同事看法的影响要小于我们的预计，因此，这似乎仍是一把双刃剑。在一方面，我们更有可能忽略女性同事展示的感情，而是会劝她们"冷静下来"。而在另一方面，我们希望男同事能展现出男子气概，就像鲁德亚德·吉卜林在他的诗歌《如果》中所说的：

> 如果所有人都失去理智，咒骂你，
> 你仍能保持头脑清醒，
> ……
> 你就可以拥有一个世界，
> 这个世界的一切都是你的，
> 更重要的是，孩子，你是个顶天立地的人！

英国艺术家格雷森·佩里在他写的关于现代男子气概的论文《男人的由来》中，将这种工作中的男子气概描述为"默认男人"："女性和少数人经常被称为'热情的'或'感性的'，如同他们——默认男人——有一种独特的能力，能够通过最内在的透镜看待周围的一切，这种透镜总会被我们的感情扭曲。默认男人在一定程度上，会用一种平淡、经验和客观的方式看待世界，而且他们所有人都会受到混乱、不受控制的感情的影响。"

佩里的书就是在为现代的男性鸣冤，让他们摆脱"默认男人"身份的束缚——"领导人、供应商、追逐地位、追求女性、受人尊敬、成就的象征"——并拥抱脆弱。他提出了"接触面"这个比喻——当我们骑自行车或摩托车时，轮胎与地面接触时形成的椭圆形印记。轮胎越软，这个接触面的面积就越大，且抓地力就越大。同样，我们在工作中越"柔软"，那么我们就越能接受各种感情，增加我们感情的接触面，并帮助我们与同事建立更真诚、更长久和更高效的关系。这不仅适用于男性，也不仅适用于工作中的压力。我们越是承认工作中感情方面的悲伤、痛苦和恐惧，就越能获得快乐、热爱、冒险和幽默的空间。

▌喜剧救济基金会：工作中的感情诚实

莉斯·沃纳拥有巨大的感情接触面。她在2016年加入喜剧救济基金会，在此之前，她曾在第四频道和英国广播公司担任高级职位，而且建立了她自己的生产公司贝蒂，并将其发展成了英国排名前30的独立公司，获得了两次英国电影学院奖提名和一次艾美奖提名。他从创意产业进入慈善领域可能会让人感到惊讶，但是这也说明她一直以来都相信，创造力能够激发社会变化：

莉斯·沃纳 我做事一直都很有目的性。当我还在为杂志社工作的时候，我就很乐于助人。白天我是个记者，晚上我是顾问。在做《老大哥》节目的时候，我尝试将通过电话线赚的钱捐出去，让一些慈善机构受益。我想把电视上的一些东西带到慈善界中来，包括快速刺激人群的能力。慈善界的动作非常慢，因为管理过程是非常重要的，而且有很多尽职调查。慈善机构的管理风格非常不同。这是两种非常不一样的工作方式。

喜剧救济基金会在吸引创意人才方面有悠久的历史。该慈善机构诞生于1985年，是简·特森和理查德·柯蒂斯的创意产物，他们是广为人知的英国电影《四个婚礼和一个葬礼》及《真爱至上》的编剧。他们的想法就是用喜剧来筹钱，从而改变非洲和英国人民的生活。该慈善机构自成立以来就一直在扩展其愿景，希望创造一个没有贫困的公平世界。在大部分时间里，喜剧救济基金会由凯文·卡西尔领导，到沃纳接管的时候，他已经工作了26年。为了适应新的首席执行官，沃纳的到来促进了该慈善机构的气质的改变。她希望强调喜剧救济基金会的创意根源，并将该慈善机构从一家筹款和捐赠机构发展成为一个"社会变革的创意机构"——对于这个已经融入英国社会背景中的慈善机构来说，这是一个大动作。

喜剧救济基金会令人惊讶的是，它与其他慈善机构不同。在此之前，人们可能会说喜剧救济基金会是个通过电视募捐的慈善机构。现在，我们非常清楚地将我们自己定义为社会变革的创意机构。我们正在使用我们所有的创意资产（不仅仅是电视）来实现改变，并影响人们来支持我们。我们努力全年无休。我们有能力进行合作。我们是不可知论者，因为我们不是单一目标的慈善机构。我们的目标是给人们带来整体的精神健康，提供项目工作和谈论它的人才，所以我们是合作者和召集者。

除了对该慈善机构愿景的重新说明之外，沃纳还与领导团队重新将重点放在了喜剧救济基金会的四个核心问题上。

儿童的生存与茁壮成长：让儿童能够获得健康的体质、营养、保护、关怀和发展机会，并支持积极的养育。

全球精神健康事务：向具有精神健康问题的人提供支持，并努力消除侮辱和歧视行为。

为两性平等而奋斗：消除性别暴力和歧视，并为各阶层的女性争取平等的权力。

安全居住地点：让无家可归的人能够找到合法、安全和有尊严的居住地。

这些核心问题让该慈善机构能更有纪律和有效率地关注其影响力。该慈善机构做到这一点的一种方法就是减少它资助的项目数量，从而增加影响力。如果不能远离人们极度关心的项目，那么就不可能实现这种类型的改变。这可能是领导一个慈善机构最困难的方面——在慈善机构中工作的人员，投入到工作中的感情，要远远超过银行家或品牌顾问。

你知道，这是一项很困难的工作。参与慈善工作的人经常会是更敏感、更感性、更热情的人员。人们都有个人感情，且如果你的策略无法与这些感情相匹配，那么就难以执行。你必须以此作为动力，但是要统一执行策略，这真的很难，因为会有各种个人观点出现。这是受感情驱动的，不是吗？人们来喜剧救济基金会工作是因为他们真的希望能有一个公平的世界。这是由感情来引导的，而且有的时候并不是用逻辑引导的。

在这样一个以感情为动力的组织中，实现改变所需的敏感性是非常巨大的。在喜剧救济基金会，敏感性是常见的关键业务要求。2018年，国会议员戴维拉米指责该慈善机构在人们的思想中"烙印"上了非洲的贫困倾向，而且强化了白人是救世主的陈词滥调。作为回应，莉斯·沃纳强调应该听听当地人的说法，并让他们有机会讲述自己的故事，并说说喜剧救济基金会参与的基层工作。还有一个问题，就是如何在"救济"的背景下平衡"喜剧"。该慈善机构应对了非常严肃的问题，但是其魔力的一个重要部分，就是能够吸引很多明星，以增加人们对这些问题的关注度，如大卫·田纳特、詹姆斯·柯登和J.K.罗琳：

我们认真做事，低调做人。我们会使用幽默感和名人的热情来影响公众的态度，从而实现长期的改变。我们最近与政府机构见了面，这是很严肃的议程，但是我们能够说："我们怎么使用我们的技巧、幽默感和创造力来把这条信息发送给更广大的听众？"这是我一直喜欢做的事情——接受具有挑战性的任务，把它放到这张流行的包装纸中，然后提供给别人。这就是我在电视台做的事情。我曾经接受位于边缘的东西，比如社会的边缘，所有这些问题都隐藏在世界阴暗的角落里，然后再把它们都放在这里。

接受不同的问题并公之于众具有很明显的风险。在资助各种项目，并和社会企业合作来改善喜剧救济基金会的四个核心问题方面，也存在风险。如果你能接受这种风险，那么就要有一个严格的过程，来对项目和合作伙伴进行审查，而且还要有明确的指导方针，来报告影响力。但是，还有一种明确的愿望，就是要保证资金不会偏向于能够产生可预测结果的项目。毕竟，创意是喜剧救济基金会资金援助理念的核心内容，而且也是沃纳希望融入到该慈善机构核心的东西。结果，她为这个慈善机构创造了安全的点，来用不同的方式工作。

凭借我们的红屋基金会，我们正在想办法向创新性项目进行投资，来用技术回应需求，例如，使用众筹的方式来直接支持无家可归的人。我们还建立了期货实验室基金，用拨款来支持慈善机构和社会企业，然后我们会想办法离开他们。这听起来真的很矛盾，但是这意味着我们能够实现项目的可持续性，所以他们能离开我们生存下去。例如，我们正在资助一家社会企业，帮助他们获得可持续性，这家企业正在运营一家全都由妇女组成的面包店。这个机构支持的都是受过极度创伤的女性——包括性工作者、难民或家庭暴力的受害者——并把她们培训成专业的面包师和面点师。她们有些人现在在博罗市场中工作。今年是我们资助他们的最后一年，因为这个机构已经开始盈利了。我们现在可以离开了，因为我们知道，这个项目没有我们也能独立生存了，但是我们帮助他们创立和独立。当然，我们也会为他们介绍客户。

沃纳对慈善的热情及其出资的原因是显而易见的，而且很容易就会让人认为，她做的是这个世界上回报最大且最有意思的工作。但是，如同她让这项工作变得有趣一样，从我们的对话中也能看出来，事情并不总是这么简单。跟着在慈善界打拼了二三十年的首席执行官做事可不是一件简单的工作。他们聘请沃纳的目的是带来前所未有的文化和组织变化。她并不是经验丰富的慈善组织首席执行官。她的职业背景是媒体和创意，而不是与事业相关的变化。而且她提出的"社会变革创意机构"的想法对于慈善机构来说，是一个重塑自身的激进方法。这里有很多光荣时刻，可是也有质疑、焦虑、摩擦和波动：

我刚来的时候什么也不懂。但是我给这里的管理团队带来了翻天覆地的变化。不得不承认，这是非常难的一件事。我晚上一直都睡不着，因为真的很难做。在我之前的首席执行官，在这里已经工作了26年了。想让人们改变，真的非常困难。有些人会同意你的看法，有些人则不会。我们现在有很多人在喜剧救济基金会工作。这是一种很大的改变。你必须尊重过去，但是与此同时，又要挑战过去。当你在否定过去的时候，你就是在拒绝你想把他们带入到未来的人。我觉得你应该尊重你想要坚持下去的所有好的东西。要加以十倍的尊重。

该慈善机构的演变正在有条不紊地进行着，但是这并不意味着喜剧救济基金会的生活节奏会慢下来或变得更加稳定。将慈善机构变成一个创意机构必须考虑应该提供什么类型的创意。用沃纳自己的话来说："你可以拥有可靠而枯燥的创意，但是我对这个没有兴趣。我觉得人们想要一点惊喜。"沃纳想要喜剧救济基金会实现的创意必须带有一点冒险的元素。她认为这不是慈善机构应该逃避的，因为风险必须得到承认、接纳和主动的管理。

很明显，作为一家慈善机构，我不会拿别人的钱去冒险。我热爱风险。我真的非常乐于接受风险。风险会让你害怕，让你不敢做一些好的事情，但是如果你能管理风险和驾驭风险，那么就能得到惊喜。风险可以带你走向未来，走向辉煌。如果你没有专业性、组织性和严格性，那么你就会变得混乱。一旦你有了这个结构，那么你就要鼓励人们尽最大努力去工作，但是不要尝试掌控他们。他们前来，做好工作，他们离开。但是不要尝试掌控他们的才华。如果想要驾驭这种才华，那么就要创造一个可以让才华得到展示的组织机构。

沃纳的例子生动地证明了，在感情上成熟的组织和领导人，不应该想办法避免焦虑和风险，或不愿意接受焦虑和风险。没有焦虑和风险的组织说明其努力程度还不够，没有进行创造，没有向目标前进。相反，应该接受风险和焦虑。风险是通向未来辉煌的桥梁。人们应该以同样的方式热爱和尊重风险。

本章结语

学会以同样的方式热爱和尊重风险。

PART 19

与托尼·艾略特（Tony Elliott）的对话

Time Out Group创始人

竞争对手的哪个方面让你最失望

对于某些人来说，这个问题的答案很简单：竞争对手最让自己失望的就是其存在。前美国通用电气公司首席执行官杰克·韦尔奇曾经就是这样一个人。他有三条黄金准则：第一，钱才是王道；第二，交流；第三，要么买了对手，要么埋了对手。最后一条可以说是非常狠毒的。在韦尔奇任职期间，作战模拟和SWOT分析达到了全盛时期——其业务的核心就相当于战争。

　　我们把这归罪于查尔斯·达尔文。

　　就是他，让"世界是个适者生存的残酷空间"的说法流行了起来。我们很多人在成长过程中都认为，商业方面的达尔文思维基本上就是一种竞争活动——一种"常年的竞争性破坏"。结果，各公司投入了大量的时间和战略思路，想要从竞争中脱颖而出，在一些并不总能给客户带来好处的领域努力将对方斩于马下。但是"适者生存"的环境只说对了一半。在大部分情况下，自然是合作的案例研究。牛背鹭在水牛的背上安家，并把水牛背上的害虫和寄生虫清除干净，保护了水牛。蜜食蚁兽爱吃蜂蜜，但是它们身体不够强壮，不能冲入蜂巢，所以它们会指挥蜜獾找到并打破蜂巢。鸵鸟、斑马和羚羊依靠它们能远距离侦测到捕食者的能力生存了下来。鸵鸟的视力不好，但是嗅觉出众，所以总是徘徊在拥有良好视力但是嗅觉不好的斑马和羚羊周围。在自然界，如同在商界，与竞争能力一样，合作能力也是成功的法宝——甚至比竞争能力更重要。

合作共赢

从最基本的层面来看，大部分企业都是一个更大的价值网（或价值链）的一部分，其中包括电力供应商、生产商、物流公司、分销商、零售商、用户和数据整合机构。与在同一价值网络中的其他企业进行交流、合作和协调的能力对任何单独组织的成功来说都是基本要求。除此之外，商场如战场的流行观点会让我们无法找到和加入具有潜在价值的同盟，从而无法让所有人都受益。

合作方法带来的直接利益之一，就是能够提供一种安全的方法，将新的工作想法和思路带入到一个企业中。例如，炼钢很复杂。你必须培训一些人，让他们以某种方式进行思考，从而保持鼓风炉正常运转。如果你刚花了20年的时间来培训工程师从盒子内部思考，那么你就不能告诉他们"从盒子外面"思考，以及他们的企业能够成功的原因。合作的一个重要特点就是，能够将外部的思维带到一个组织当中。邀请企业外部人员进行不同的思考可以让这种情况以一种安全和受控的方式发生。

在炼钢行业，安塞乐米塔尔公司正在投资一种技术，可以将废弃的二氧化碳制成喷气燃料。理查德·布兰森将会驾驶以他们的废二氧化碳为燃料的飞机。这真的很有意思。这是一个传统的保守型工程企业中的全新的业务模式，而且这个企业还是由一群不愿意改变的工程师运营的，除非对时间线和成本做好了计划，否则在这个企业你是没法做到这一点的，因为有太多的未知因素了。这就是企业的开放思维方式能够增加价值的地方：找到与你从来没想过要合作的人进行合作的新形式。谁能想到安塞乐米塔尔会与理查德·布兰森合作？"双赢"

的概念很土，却是真实的。维珍集团的碳问题和安塞乐米塔尔的碳问题可以变成四个公司的机遇，但是这也意味着一些人需要发明一种商业模式，将二氧化碳从比利时根特市的垃圾场里变成伦敦希思罗机场中的飞机燃料。

何时竞争？何时合作？

合作能带来很多令人吃惊的结果，这是解锁价值的全新方式。现代人关于创造价值的想法，例如循环经济，真的是一种好方法，可以让人们提出从来不会考虑的有趣问题。我们会共同面对什么问题？如果我们需要与我们传统的竞争对手进行合作，那么应该分享哪些资源才能获得好处？零售商依据《现代反奴隶制法案》进行运营，并发现合作比审查更有价值。与其他公司在行业内外进行合作的组织机构，发现他们有如此多的合作对象，而且能让所有人都朝更好的方向发展。"我们有什么是可以分享的？"这个问题值得花时间思考一番。

这里的难点在于，何时进行竞争以及何时进行合作。二者之间的差别有时并不明显，尤其是当破坏性公司和技术能够带来真实的威胁或机会时。有什么好方法来让传统企业学会利用互联网？传统的体育团队如何应对电子竞技？汽车制造商应该把汽车共享公司看作潜在的竞争对手还是合作对象？印刷杂志是应该把社交媒体、博客和新闻网站看作补充渠道还是低质量的替代品？

▎Time Out：如何成为文化的一部分

Time Out的故事始于一次竞争失败。在1968年夏天，21岁的基尔大学学生托尼·艾略特来到了苏小的办公室。

她当时所在的团队运营着两周一刊的《国际时代》报纸，其中有一个"发生了什么"部分，主要负责列出伦敦当时发生的重大文化事件。艾略特安排这次会议是为了建议给这个部分投入更多的空间，并且让他负责将这个部分变成一个成功的案例。在他看来，主流媒体未能抓住当时的文化丰富性，而且他觉得有机会能够报道更多的正在发生的事件。

苏小不痛不痒地拒绝了他，所以他决定建立自己的杂志。于是Time Out杂志诞生了。

托尼·艾略特　从某种意义上看，我当时是在为我自己做一些事情。我想要知道当时能得到什么。当时出现了大量的新文化——从电影到音乐和艺术以及替代性社会和反主流文化等，无所不包。传统的信息来源无法以任何方式进行排列，并且只能提供最少的文化覆盖范围。我当时一直在学校出版季度文化杂志，其内容包括吉米·亨德里克斯和小野洋子以及约翰·皮尔和基思·艾尔巴恩，所以出版杂志的过程对我来说并不复杂。

这本杂志最初的员工关系都很亲密。艾略特的女朋友斯蒂芬妮·休斯负责戏剧、购物和美食。鲍勃·哈里斯，后来通过英国广播公司的节目《鲍勃·哈里斯的轻声细语》成名，当时负责音乐。托尼仍然负责他感兴趣的电影和政治。该杂志当时使用的是大海报尺寸的纸，双面印刷，折成A5纸的大小。杂志背后的想法很简单：让伦敦人注意到每天最有意思的文化娱乐事件。政治是一个很重要的方面，且其标题为"游行和演示/遇见警察"。艾略特还认为该杂志会超越文化主流——亚文化和反主流文化也是其创刊思想中的重要组成部分，包括B级电影。唯一被排除在外的娱乐形式就是伦敦西区的音乐家，艾略特对此忽略了很多年。从一开始，他就认为，这份杂志要与其读者达成一种默契：

我们会到大街上直接向人们出售杂志。值得注意的是，有很多人会说："这杂志很棒。以前怎么没人买呢？"通过我们的努力，我们承诺要把好的东西告诉人们。这一直都是我们的驱动力。

因为缺少竞争，且质量优良，所以该杂志扩张得非常迅速，到20世纪70年代初，就成了包含伦敦文化和社会情况等内容的双周刊。艾略特在基尔大学没有完成法语的学习，而是选择继续发展他的杂志。他很喜欢当时做的事情，舍不得放弃。他的团队运行得很好，而且很有意思。为了将杂志发展成周刊，在1971年，他们与菲力克斯·丹尼斯共进晚餐并商谈此事，菲力克斯·丹尼斯是Oz杂志的出版商，后来因共谋破坏公共道德而被定罪。

我和菲力克斯·丹尼斯吃了一顿饭。他说："托尼，我们要出版这份报纸，名为Ink，而且我们要让它上架。"我说："恩，哦。"周刊。我是说，我们已经考虑过了，但是并没有太认真。这件事提醒我们是时候开始了。所以，我跟所有相关人员都进行了会面，然后我们在四个月的时间里改成了周刊。我们完全把Ink拒之门外了。我的意思是说，我们的出版物要比它好得多。我们拥有的信息确实很好。我们的专题和覆盖范围与他们做的任何刊物都一样好。开始做报纸或杂志的人，尤其是具有记者背景的人，都不愿意上架。我们想要做能够得奖的专题。

Ink的例子证明了艾略特在其50年的商业生涯中对Time Out的各种竞争对手的看法。他经常将他们说成是同行，而不是竞争对手。Ink提供了他需要的机会，来将Time Out做成周刊。15年后，在20世纪80年代，Time Out遇到了一大波杂志带来的更强硬的竞争，如i-D、The Face and Blitz等，都有一大群读者。他对这些新同行的回应也很典型：他们提供了更多的刺激，让我们能够继续为文化的相关性而努力。

那一代有创意的新闻是有竞争力的，因为他们所做的事情执行得非常好。他们掌握着重要的信息，如果我们忽略了他们所写的很多东西，那么我们就会被明显地认为是脱节的。它们起到了一种刺激的作用，以至于我过去常常生气，因为我发现我们的艺术指导试图模仿封面，比如The Face，但做得很糟糕。

其目的从来都不是模仿每一轮新的竞争者,而是将他们看作Time Out所在的文化版图的新成员,并保证Time Out对这一文化版图的了解是独一无二的。这也意味着Time Out对于想与其读者建立的关系有不同的看法。例如,艾略特讨厌将读者视为"客户"。相反,他会说读者的"选区"——具有丰富兴趣以及愿意了解不知道的事情的人。这种想法从来都不是跟随趋势或迎合主流品位:

如果我们跟随读者想要的东西,那么我们每周都会把麦当娜放到封面上。我们的动力是我们的使命,那就算是把最好的消息中的最好的内容告诉他们。

我经常跟人说:"看,你知道的,我们可以在封面上刊登伦敦最黑暗地区的一次性事件。如果这是在伦敦发生的最好的事情,那么将其放到封面上就是对的。"

现在,大部分出版商会说:"你不应该这么做。你应该那么做。没人会感兴趣。"

这就是你为什么要走到人群中说:"Time Out是我的圣经。你告诉我们的这些事情我们从来都不知道。"这是很好的。

当然,最近Time Out也不得不开始应对来自网络的竞争,从搜索引擎和专家博客到社交媒体和论坛网站。

Time Out对新一代竞争的应对与对Ink、i-D和Face and Blitz的应对没有什么两样:首先,要了解如何更好地来定位竞争才能发现和告诉人们到底发生了什么,并将其作为刺激来改善Time Out;其次,要了解竞争对手有哪些不足,并保证Time Out能够继续通过对发生的事情和最好的事情的见解来补充这些不足。外面有很多数字竞争对手，能够提供机会来了解如何对Time Out进行最好的改进，来适应数字时代。

最近有一部电影，名为《骑士》。这是一部独立的美国电影，而且我发现该电影公司建立了一个网站。这种做法很好。你只要输入你在哪一天去，这个网站就会告诉你哪家影院在上映。这种设计很巧妙。如果每一个电影公司都能这样做，那么机会就来了，但是重点是，你得知道你想看什么电影，而且我还想看到所有的选择，然后再做决定。

Time Out的适应力在很大程度上得益于艾略特坚定的信仰，那就是总会有人需要经过精心编辑的事件列表。像《骑士》网站一样的专业网站是对Time Out的补充。对于搜索引擎也是这样——你需要知道你在找什么，而Time Out能让读者浏览各个部分，并找到一些他们可能无法预料到的东西。社交媒体也是这样，而且"Top 10"式的点击量列表就是让他们给弄火的：

当我到达一个城市的时候，我希望能有机会看一看周围能接触到的所有东西，以及多层的信息。我们就是要挖掘来来往往的、新的以及重要的信息。我就是希望我们能真诚地对待这一使命，因为这将一直都是开创性事件的信息来源。就如同进行寿司店的前十排名一样。

数字媒体的崛起给Time Out带来了发展的机会，而不是威胁。该杂志的电子版涵盖了全世界数百个城市，从悉尼到香港再到纽约。艾略特的愿景的力量就是要吸引在海外城市具有类似思维的合作者，这些人都承诺在其各自的城市中提供相同水平的质量和洞察力。而且这种方法的优点在于，他们常认为设计是格式、调整和创新的互动方式，能够在全世界进行复制。这方面的一个例子就是里斯本的Time Out Market：

是的，所以说，开创了Time Out Lisbon的人将该杂志运行得很好，然后有机会占领了这个难以置信的巨大古老的水果蔬菜市场。所以，他提出了这个食品市场的想法，也被称为"Time Out Market"，而且这里面有大约32个餐馆的外卖口。这里每个月都有25万人次光顾。这在里斯本是最大的景点。

而且，这里能够赚钱。所以我们使用了这个格式，而且我们现在正在迈阿密和纽约开放这样的市场，然后会进军波士顿和芝加哥。我们从来没有想过这么做，但是所有事情都是正确的。设计是正确的，质量是正确的。他在一开始做过的一件事情就是，他说过："餐馆无法找到它们自己的出路。"它们必须得到选择，所以要经过精心打扮。这是很好的。

没有多少企业能够说经过半个世纪的发展还能保持良好的势头。自Time Out成立以来，Ink、i-D、The Face and Blitz等杂志来了又去，但这个品牌始终屹立不倒，其方法就是从竞争中学习，并找到它在不断变化的文化和媒体中的位置。

艾略特的第一反应并不是击垮竞争对手，而是向他们学习，并了解如何才能取长补短。像艾略特一样，明天的胜利者不是那些能以最高效率击垮其竞争对手的领导者。未来属于那些能够平衡竞争和合作的人。

本章结语

平衡竞争与合作。

与玛克辛·麦肯齐（Maxine McKenzie）的对话

英国皇家建筑师协会营销与会籍发展执行理事

客户
对你的行业有
什么误解

游说者和汽车销售员是不是世界上被误解最深的职业？

在每年年底，盖勒普都会进行一次投票，来了解美国公众对各行各业的诚信和职业道德的看法。自1999年第一次投票以来，护士这一职业只有一年没有排到第一（2001年因为"911"事件，消防员排到了第一位）。2017年，82%的美国人将护士的诚信和道德标准选择为"高"和"非常高"。汽车销售员（10%）为倒数第二，而倒数第一则是说客（8%）。

2018年，排名靠前的，是美国公众认为能将健康、安全和教育托付给他们的人：护士、军官、小学老师、医生和药剂师。排名垫底的，则是与产品、概念和想法销售有关的职业：说客、汽车销售员、国会成员、广告实践者和企业领导人。

这些结果既让人沮丧又发人深思。超过四分之一的美国人认为企业领导人的道德标准是"低"或"非常低"的，而只有不到六分之一的人认为企业领导人的道德标准是"高"或"非常高"的。美国大约85%的人都在私营公司工作，这意味着对企业领导人的低信任度来自于为他们工作的直接体验。这对企业领导力和道德的状况是非常不好的控告。

这个问题不仅出现在美国。2017年，英国行业协会（CBI）的一份报告中发现，虽然英国公众对企业的态度要略好于美国——58%的人认为英国企业的名声是"非常好的"或"好的"——但是公众则更倾向于其熟悉的公司。人们对某企业了解得越少，那么对其重视程度可能就越低，而且对企业及其管理者的运营情况的怀疑态度就越高。因为这种脱离性，公众倾向于低估特定行业的贡献，包括专业服务、建设与房地产、信息与交流以及零售和汽车服务。换句话说，就是企业领导人、建筑师、广告从业者和汽车销售人员的工作。

研究发现，人们普遍不理解企业是怎样运营的：接受调查的半数人员认为他们了解公司的经营方式。但是这种预计的分离性是朝两个方向发展的：77%的英国公众认为企业领导人距离"普通"人的世界非常遥远。鉴于英国有84%的就业人口是在私营公司工作的，所以这说明英国的企业与公众之间的分离性程度不次于美国。企业没有向其员工、客户和所在的社区证明其有能力也希望为社会做出积极的贡献。而且证据证明，这个问题对于在更复杂的行业中的大型企业更为严峻。

企业如何与普通人建立联系？

一个明显的起点就是，要保证能够良好地对待员工，且员工能够理解你的企业为社会创造的更广泛的价值。还需要改善企业将这种贡献告知更多人的方法——用老太太都能听懂的方式把你的企业的所作所为、运营方式和任何改善员工生活、本地社区和整个社会的方法解释明白。

这些都让人感觉非常熟悉。还有没有企业没有意识到其有责任好好对待员工并且说明其更广泛的社会目的或使命？是否对企业的社会贡献有足够的强调？2007年，英国的零售商玛莎百货发起了一项"A计划"活动，来为企业在社会中的作用建立明确的观点。该活动本身就是所有类型措施的巨大成功。通过减少供应链的浪费，该公司累计节约了7.5亿英镑的成本，并且赢得了240项奖项。通过A计划，玛莎百货雄心勃勃地提出了100项承诺，横跨健康饮食、服装、员工福利、本地社区支持、人权、衣物回收利用、能源消耗和供应链的可持续性。

A计划的想象力和精密思维让其概念、规划和执行给人留下了非常深刻的印象。他们在说明玛莎百货对可持续性商业实践的承诺方面花费了数百万英镑。而且有明确的迹象证明，这种建立值得尊敬的名声的努力已经渗透到了公众的意识中：根据2018年奥观调查网的研究数据，玛莎百货是英国第二大零售品牌，仅次于李维斯品牌。尽管如此，玛莎百货截至2018年3月31日的税前利润下降了62%，而且在此之后不久还关闭了许多门店。

企业不负责任的危险

如果认为公众关心企业责任，那就错了，实际上，企业的不负责任才是最令人生气的。玛莎百货的努力生动地证明了，只是让公众尊重一个品牌是不够的。如果要成功，还得让公众热爱这个品牌。而且这意味着，品牌的所有者需要超越建立信任的范畴，来向公众说明他们真正关心的东西。奥观调查网的研究说明，2018年，在价值方面，玛莎百货在26家超市中排名第24。玛莎百货的可持续性业务的伟大计划和"普通人"因此能够体验到的好处之间出现了明显的偏离。玛莎百货没有明确地解释A计划怎样能够让英国公众的日常生活变得更好——尤其是在实现经济价值方面。

盖勒普和CBI的研究表明，在很多情况下，人们不了解或不信任在复杂行业中的大型企业是怎么运作的。但是，还有一个需要解决的平行问题：不理解在这两个方向上的情况。

英国皇家建筑师协会：理解从家开始

尽管程度不及汽车销售员、游说者和商人，但是建筑师发现自己被误解了。在英国，一小部分"明星建筑师"，如理查德·罗杰斯、诺曼·福斯特和大卫·奇普菲尔德让人们觉得建筑师是个遥不可及的人群。但对该行业的大部分从业者来说，情况是完全不同的。在英国，建筑师必须经过七年左右的学习才能获得必要的执业资格，也就是说，其生活和教材的成本大约在10万英镑。但是，普通建筑师的收入也就是英国的平均水平——在大约27000英镑左右。让人略微惊讶的是，从2011年到2015年，英国建筑师的数量降低了11%以上（在同一时期，英国创意行业的从业人员数量增长了将近20%）。我们与英国皇家建筑师协会（RIBA）的营销与会籍行政主管玛克辛·麦肯齐进行了对话，讨论了一些建筑师遇到的误解——以及RIBA如何与其成员一同改进人们对该行业的认知：

玛克辛·麦肯齐　RIBA会非常努力地帮助客户理解建筑师的作用及其重要性。我们需要改变人们的看法，并展示这个行业建筑师的才能和能力范围。

这个问题的部分原因，是建筑物能够产生不同的意见——人们会喜欢部分楼房，但是可能会发现其他楼房太过前卫或是难看。这种情况并不新鲜。早在1984年，查尔斯王子在RIBA的150周年晚宴上致辞时，将特拉法加广场中的国家美术馆的现代主义扩建部分描述为"在备受爱戴和优雅的朋友脸上加上了一块怪异的红宝石"。有些人可能同意并认为建筑师是冷漠的纯粹主义者。麦肯齐对于人们对建筑物的看法更加开放，但是在他的记忆中，周围建筑物的增加原本是为了解决一系列问题的，却产生了其他很多问题：

> 我在回想自己在伦敦南部长大的地方，那时建造了一些巨大的房子。我还记得当时会想："谁设计了这些地方？他们在想到这些设计的时候脑子里在想什么？"

麦肯齐的看法是，建筑物会变得更加具有多样性、更关注社区以及能更好地代表其服务的社会。从事这一职业的目前大部分都是男性，而且这种情况正在改变，并不仅仅是因为RIBA在这方面的努力。

如果跟年轻建筑师聊天，我会觉得他们与老套的观点的差异是最大的。他们对事业感兴趣，他们会用不同的方式对社会感兴趣。有一大群基层的、合作的和创造性的年轻建筑师正在出现。建造现在是一个创造和合作的过程。我们开始吸引更多的人才进入这个行业，对他们进行良好的教育，保证他们能够完成教育，并保证各企业能够按照高标准运营，因为这才是推进建筑业的方法，是我们的目的。

RIBA在支持和推动行业多样化方面有巨大的作用。在帮助公众理解建筑师能够给建筑项目带来的价值方面也起到了重要作用。RIBA有一支专门的团队负责帮助人们找到有资格和匹配的建筑师——就像是为建筑师及其客户提供的约会服务：

显然，最好的关系始于一开始的良好匹配。我们需要做的第一件事就是帮助人们了解他们购买的东西。这就是要了解建筑师在规划应用和制订计划外，还可以增加的价值。他们会以不同的方式看待空间。他们的创意使命会帮助他们以你从来没有的思维思考事情。他们可以帮你创造出能改善家庭生活的空间，或是实现你改变家庭的目标——这就是建筑师所做的与人有关的方面。

麦肯齐的愿望就是开展一系列的活动，实现建筑师对我们空间体验和福利的巨大影响。获奖的马吉中心就是建筑空间改善给予癌症患者及其家人实际支持、感情支持和社会支持的好例子。如温斯顿·丘吉尔所看到的："我们塑造了我们的建筑物，因此它们塑造了我们。"——在具有同感且接受过良好培训的建筑师手中，这可以造福社会。同理心是建筑物可以改进的一个关键方面。我们大部分人都不了解这个术语，无法帮助建筑师了解我们想要什么，而建筑师使用的术语会让我们感到更加迷惑。不可避免的，这也会造成交流失败。同样，麦肯齐在这方面有个人体验，最近她聘用了建筑师：

我为我自己聘用的建筑师——当然通过RIBA规定实践——非常友好而且接地气，并且很容易相处，但是他们也使用了很多行话。例如，他们会说能够"读房子"。基本上讲，他们的意思是不要把所有的砖墙都盖起来。我记得造了一个Pinterest板，因此他们有人说：

"哦，是的，你还真喜欢物质性的东西。"我觉得他的意思是我喜欢砖块、水泥、木头和玻璃。好的一方面是，因为他们非常容易接触，所以我们能对这些事情一笑了之。他们不介意向我解释一些东西。但是如果他们不是这么友好，我可能会害怕。我感觉我想要成为一个"好"客户。

我们完全能够理解，使用行话会使我们对于我们的品位或知识更缺少信心。成为好客户的想法让我们希望能够说清楚我们想要的东西，但是，如果我们缺少说明想法的词汇怎么办？如果我们不知道想要什么怎么办？麦肯齐的建议就是，我们要从头谈起。我们不应该尝试解释想要什么样的空间——如果我们不知道术语，这是很难办的——我们应该说明我们想要从空间中得到什么：可以是一个能安静看书的地方，或是能在舒服地泡澡的时候看天空，或是躲开混乱的家庭生活。说明对我们重要的目标是有所帮助的。我们还要明白，不能靠客户把这些信息说出来。RIBA在向建筑师提供工具来帮助他们开启这种对话方面有一定的作用：

建筑师需要能够进入客户的思想和感情中。一个人的家是极为宝贵的东西。他们对家的感情、信仰和恐惧都可能是非常重要的。这是建筑师真正需要了解的东西，这样才有机会建立好的关系。

我们的家能深刻反映我们自己。具有良好设计的家庭和社区能让我们作为个人、家庭和社会感到更加幸福。一些人对于建筑师的误解可能偏离了这个范围，或是超出了我们的本意。这种情况对于汽车销售员和说客来说可能也是一样的（甚至程度更低）。但是责任在于这些专业人士——以及负责支持和提升其兴趣的行业机构——来理解他们想要帮助的公众的想法。他们越是能理解我们的希望和想法，我们就越容易理解他们在推动社会发展方面的宝贵作用。

本章结语

如果人们误解了你，那么可能是因为你误解了别人。

PART 21

与迪恩·韦斯顿（Dean Weston）的对话

日本邮船物流品牌交流副总经理

你会暗暗嫉妒哪些公司

人们不太愿意承认自己的妒忌情绪。人们认为这是一种性格上的缺陷和吝啬。罗德尼·丹杰菲尔德会拿他妻子的嫉妒心开玩笑——"有一天她看着我的日程表，问我梅（五月）是谁"。能公开表达其妒忌情绪的人似乎都认为妒忌是一种难以承认的事情。

亚里士多德是一个很少见的例外。他认为妒忌是合理和富有成效的——妒忌能够成为一种强大的动力（即便我们大部分人都不愿承认自己的妒忌心）。加利福尼亚州立大学和肯塔基大学的研究人员在2016年写了一篇论文，他们认为，虽然妒忌在企业中会造成严重的不良后果——侵蚀工作关系和工作态度的质量并会增加反社会行为——但是也能提升人们学习和成功的愿望。简言之，妒忌可以是好的或坏的。研究认为，这两种类型的妒忌不是简单的对立面。虽然坏的妒忌对动力有"拖慢"效果，且好的妒忌有"拉动"效果，但是这两种妒忌都会让员工更有可能想要离开当前的工作地点。好的妒忌可能是一种激励工具，但是仍然是一种负面体验。

当妒忌存在于企业之间而不是企业之中的时候，会发生什么事情？

对公共场所妒忌的研究主要关注的是同事之间的妒忌，所以我们从学术角度不做太多的评论。按照理查德·史密斯的说法，妒忌需要一种相关性和相似性的组合。我们不太可能妒忌与我们不相关的人或企业：在花旗集团工作的人比在谷歌工作的人更有可能妒忌在高曼工作的人。我们也不太可能妒忌我们不熟悉的人或企业，即便他们也在相关的行业中。例如，普拉达不太可能妒忌Zara，即便这两个公司都在卖衣服和饰品。除此之外，几乎没有原因能证明人们不会妒忌与他们相关或熟悉的企业。实际上，不妒忌，才是怪事。

2016年，《电讯报》发表了一篇文章，分享了四个中小企业主的故事，他们都经历过公司间的妒忌，要么妒忌别人，要么被别人妒忌。在想到最初的商业理念之后，一位创业者发现，有很多公司已经在相同的理念上建立起来了。他的妒忌心刺激他要把自己和他的企业变得更好。另外一位创业者发现她自己成了网络谣言的受害者，这些谣言来自于竞争对手，因为他们觉得她的出现是一种威胁。她觉得，他们的攻击证明了她走的路是对的。所有这四个故事都有一个相同的寓意：不要让妒忌把你拖下水——要利用妒忌让自己变得更好、把企业做得更好。

学会一点点妒忌

《电讯报》的故事都是极端情况。其主角都是小企业主，并且对他们的事业进行了巨大的投入——包括经济上和感情上的投入。如果其他企业与我们自己的企业竞争，那么我们大部分人都不会感到特别难受。但是，如果你必须变成具有妒忌心的人，那么这可以帮助你强迫自己考虑会让你感到妒忌的企业。我们发现，这是一种有用的方法，能够防止我们出现垃圾竞争的倾向。有数千家与我们相似的公司，也有很多非常聪明的人在类似的机构中工作，正在解决与我们的问题相似的问题。在有些时候，他们肯定能得出更有效的答案。说实话，承认竞争对手的点子更好、网站体验更流畅或营销策略更吸引人会让我们感到有点不忠诚，但是这比指出他们的产品平庸使我们对自己的平庸产品更有信心要好得多。如果你适应了，就很容易释放忌妒情绪了。

创新顾问也非常欣赏企业间妒忌的价值。现在有一种流行的观念形成练习，其中包括让团队成员扮演有可能对其自身公司产生干扰的机构。亚马逊的汉堡店会怎么运营？如果IBM的沃森成为健身教练会发生什么？如果一个城市的交通网络是由谷歌设计的，那么会怎样运行？如果脸谱网售卖国内能源，那么会发生什么？除非参与者妒忌（或害怕）相关的企业，否则这些练习就无法奏效。幸运的是，整个行业的管理和领导力文化都致力于让我们嫉妒这些超级明星企业。我们每次看到《连线》杂志的封面故事、《快速公司》的简介或《哈佛商业评论》的案例研究的时候，我们都能找到可以妒忌的新企业，或是妒忌一个我们自认为了解的企业的新理由。

创造世界上最好的工作地点

在极端情况下，这些公司封面故事所引发的那种组织嫉妒可能会导致"他山更绿"综合征——相信有其他企业能够提供更有成就感的工作生活，这种想法会破坏我们对自己所在企业的认知。谁不想在亚马逊、谷歌、网飞或苹果公司工作呢？你梦想中的企业就在外面。2013年，两位组织行为学教授——伦敦商学院的罗伯·戈夫和马德里IE商学院的加雷斯·琼斯——开始研究"你梦想中的企业"具有哪些品质。他们让全世界数百名参加了调查和研讨会的企业高管描述他们理想的企业，并将结果公布在了《哈佛商业评论》上的一篇名为《创造世界上最好的工作地点》的文章中，其中列出了下面六个组织"美德"。

1. 让员工做自己：通过避开传统的评价体系和团队结构来强调重

要的文化特质，以实现"有机团结"，其中利用了独特的人才之间的差异（与之相对的是来自于遵守纪律的文化的"机械团结"）。

2. 解放信息流：参与"激进的公开"——与同事进行完整、公开、明确和及时的交流——而不是尝试控制信息的流动。

3. 赞美别人的长处：建立支持网络、同事间的创造性互动，对工作、培训和品牌进行扩展，让员工获得社会认可。

4. 不仅关注股东价值：提出一系列有意义的非财务目标，并说明利润是实现这些目标的奖励。

5. 说明日常工作怎样才有意义：为员工设定扩展任务，与这些大目标关联起来，并让员工决定实现这些任务的方法、时间、地点和合作之人。

6. 制定员工能够信任的规则：确保你执行的过程、规则和结构是必要的，能够实现公司的目标，而不是获得效率——或至少应避免执行不好的规定。

文章作者承认，几乎没有公司能够具有全部六个特点。但是，虽然这些特点是很少见的，但是能够实现：路易威登、英国奥雅纳工程顾问公司、诺和诺德公司、麦当劳、纽约生活、荷兰拉博银行和安永英国都是这方面成功的例子。

日本邮船物流：谦虚战胜了宣传

迪恩·韦斯顿并不是一个会妒忌别人的人。但是他很忠诚。他在邮船物流工作了十五年之久——从欧洲搬到了美国，然后又到东京的全球总部。在东京，作为品牌副总经理的他，在"变革2025项目"中起到了至关重要的作用。该项目的目标是将该企业从日本的承运商发展成为世界上最好的供应链物流合作伙伴。韦斯顿承认，该企业还远远不够完美——因此才想要转变——但是在该项目于2016年开始的时候，通过客户研究发现了该组织一个强大和一致的特点：邮船物流的25000名员工愿意实现向每个客户做出的承诺，无论是大客户还是小客户。

迪恩·韦斯顿 我觉得，我们的公司有很大的潜力。这里有一种重要的意识，那就是公司里的所有人都想为客户做对的事情。虽然我们会努力吸引想要不断尝试的人。我们怎样才能让人们意识到这是一种优点呢？任何事情都不是完美的，但是应该有一种真实感。这就是我想为我们公司实现的。

所以，韦斯顿妒忌哪些公司？有很多很有意思的公司，但是能让邮船物流效仿的公司却不多。他的当务之急是，公司应当认真实现其使命，来完成企业和社会的可持续性增长。问题是，很少公司会有韦斯顿希望看到的活力或诚信来追求他们的目标。

结果，几乎没有什么公司能引起一点点妒忌：

我一直都在寻找有目标的公司——真正努力将一些真实性放到其业务核心的公司。以苹果公司为例。我并不太妒忌他们，而且我不觉得他们是100%真实的。有这种感觉是因为苹果最早的时候是以用户为中心的，但是现在感觉苹果的重点是卖产品。最近我也发现，法国达能集团正在尝试成为一家B级企业。他们传递的信息是，该公司不能只努力支持其股价，是应该为经济做出贡献，创造共享价值、员工价值，并且支持环境。但是达能最大的一项业务就是运送全世界的水。这是一种内在矛盾。

公平地说，韦斯顿没有受到"他山更绿"现象的不利影响。作为一个本性好奇的人，他很擅长指出这些"最佳实践"案例中的缺陷和矛盾。而且当你想要改变企业运行方法的所有方面的时候，这可以帮你找到一些例子。要在这么大的范围内实现文化改变的问题，是邮船物流变革项目的当务之急。只是告诉人们改变就要来了还不够。他们需要有动力成为变革的一部分：

我们正在尝试创造一种创新文化。这与我们能否创新没有太大的关系，与我们如何让创新深入到组织之中关系密切。这是在你的企业中，建立一种上下一致的思路。这是在组织、过程、文化和团队之间的平衡。当然，我们的行业主要受过程、销售量和业务的驱动，所以在这个行业里，真的很难让人们理解更柔性的文化怎样给业务增加价值。这就是我困惑的地方，也是我追求真实的原因。

那么，哪些企业展示出了韦斯顿正在寻找的真实？似乎在企业界，还没有任何机构能够得到他的妒忌。但是，有一个品牌却因其不真实而脱颖而出：Thrasher杂志。这份杂志是埃里克·史威森和法斯图·维泰洛在1981年创办的，最初的目的是推广其名为"独立"的滑板车品牌。该杂志的第一任编辑是凯文·撒切尔，后来跳槽去了高尔夫杂志Schwing。1993年，杰克·菲尔浦斯接过了撒切尔的职位，并从那时起一直担任该杂志的编辑。该杂志一直都是反主流文化的杂志。根据在2016年的一次采访，菲尔浦斯认为他的工作就是"强化堕落的亚文化的规则"，而且他对这份工作非常认真。他引入了"月度要大牌""最招人恨的滑冰者"和"名肉堂"等内容，里面都是一些伤疤和开放性创伤的可怕照片。公平地说，Thrasher杂志对于一家全球供应链物流企业来说，并不是最明显的企业妒忌对象：

对于他们来说，感觉就像是耐克、阿迪这样的巨型企业突然进入了滑板界。2020年要举行一次奥运会。但是，Thrasher杂志绝对是滑板界的圣经，而且是完全真实的。我曾经尝试寻找有没有其他企业能够达到这样的真实性，而且我发现真的很难。他们基本上是围绕滑板运动建立品牌的，而且在做这件事情的时候，没有尝试发展成其他东西。我不知道他们是怎么做的。我觉得部分可能是因为他们没有尝试，且他们不关心别人会不会尝试。

Thrasher杂志和邮船物流的相似性可能不太明显，但是的确存在。

这两个企业都在与更大的对手竞争，这些对手的实力都更强大。而且从某种程度上看，这两个企业都愿意颠覆其所在行业的传统。当然，在一个准备说"不"的企业中，肯定有一些值得借鉴的东西，但是条件是必须有明确的理由。这可能就是为什么这个概念产生了如此多的平庸之物以及意义如此小的组织变化：

目的现在听起来就像是企业说得最多的东西，这就是我为什么开始考虑Thrasher。这并不是因为我想让我们的公司变得像Thrasher一样——我真的不愿意这样做。这可能会是件非常可怕的事情。但是，变得真实是一个能让你活下来的想法。我觉得，应该有一套清楚的准则。Thrasher想让滑冰一直都是反主流文化。我认为，成为一个意见相反的人是一件很好的事情。尝试颠覆规则并找到不同的做事方法。但是，从深层次来看，又回到了想要做一些你真正相信的事情。

这对邮船物流意味着什么？其变革项目得到了三个明确的企业准则的支持：与客户建立练习，程度达到最高的服务质量标准，并通过创新来找到更好的工作方法。最后一条准则从建立反文化物流公司的角度来看，是最有意思的一条准则：

我们的规模正好，大到足以实现改变，但是又小到可以关照客户。这是很好的事情。我们可以更有创意一点，并提供一些不一样的东西。创意供应链物流公司听起来可能有点荒唐，但是这就是其感觉有意思的原因。这真的很勇敢。因为首先你必须承认你在事情的规模和计划中所处的位置。有的人认为成功是受市场份额驱动的，且规模是最重要的目标。但是我们可以大胆地说:"我们有完全不同的目标,而且这个目标能够把我们带到我们想去的地方。这就是我们做事的方法,而且我认为这种方法适应我们现在的状况,以及我们将要实现的目标。"对于一家日本公司来说,这是一个觉醒时刻。我不知道其他公司有没有这种想法。

只有时间能够告诉我们邮船物流最终能否发展成供应链物流行业中的Thrasher。当然,该杂志不仅仅是比苹果或麦当劳更加令人妒忌的对象,而且对于企业来说还是一个更强大的例子,能让企业找到一种真实的方法,来重新定义其文化和行业。在让Thrasher杂志发展成滑冰界的标志性杂志的过程中,杰克·菲尔浦斯躲过了刺杀、枪击、被公交车撞、被小汽车撞、被面包车撞、甚至被电梯撞。他对他的事业的承诺毫不动摇,更别提他超人的韧性和牺牲了。我们希望,韦斯顿实现真实的道路不会遇到太残忍的牺牲。

本章结语

真实性就是要对发展有足够的信心。

PART 22

与尼克·莫里斯（Nick Morris）的对话

Dropbox公司公关与传播主管

你的团队是像交响乐团还是像即兴表演的爵士乐队

谁不想让自己的企业像交响乐团呢？

企业和交响乐团都需要吸引、培养和留住人才；都必须让有需要的受众高兴；都有一个领导人负责激励和组织人才来和谐地开展工作。首席执行官/指挥是纪律、平衡和绝对命令的典范。乔治·塞尔被公认为是20世纪最有才华和影响力的指挥家之一，同时他也是要求最高且最残酷的指挥家。他在1946年到1970年间担任克利夫兰交响乐团的指挥和音乐总监，该乐团在他的领导下以（几乎）完美的演出而声名鹊起。他因严苛的标准、高强度的排练和传说中对不完美的零容忍而备受人们指责。

他会教清洁工怎么擦地板。他会要求图书馆使用特定类型的钱币。他会要求花费数百万美元来改进音乐厅的音响系统。他会让乐团中的所有成员都把胡子剃得干干净净，还有类似的其他要求。有一次，交响乐团录制了贝多芬的斯蒂芬国王前奏曲，虽然听起来完美无瑕，但是第一号手坚持说他吹错了一个音符，虽然没有听出来，但是他们又把整个曲子录了一遍。

用交响乐团做比喻有一些局限性，这可能会吸引一些认为企业就是制定和执行策略的人。但是其他一些人认为企业是一种创造性的工作，其中快速应对意外情况的能力——即兴发挥的能力——是成功的关键。对于在快速变化和混乱不堪的环境中竞争的企业来说，爵士乐队则更加适合：爵士乐队由一群性格各异且才华横溢的人组成，能够在没有既定策略的情况下实时地做出创新性的回应。但是，这对企业来说也是一种更危险的模式：因为其探索性质，所以在某个特定时刻出现失败的可能性要高得多。

从混乱的自发性中找到美德

乔治·塞尔在对其交响乐团进行评估的时候承认了这种完美主义与自发性之间的紧张关系："我们习惯了整齐划一，而且我们不会进行四五十年之前指挥家就不愿意看到的即兴但是混乱的表演。"指挥家的天赋就是消除混乱的自发性，而真正的爵士音乐家则是要利用它。与乔治·塞尔一样，路易斯·阿姆斯特朗也拥有完美的技术和火爆的脾气。作为第一位伟大的独奏即兴表演者，他是20世纪的标志性人物，代表了个性是爵士乐创造力基石的观点。即便是传统的指挥家和批评家，也对他推崇备至。有人说他的即兴表演能力是"乐器与最严格的旋律结构和最自然的感情表达结合的最高水平，所有这一切集于一人之身的情况是非常少见的"。

爵士乐队和交响乐团的核心差异就是爵士乐来自于表现的自由性，而交响乐则是统一协调的产物。爵士乐尊重大部分的音乐规则，但是会挑战其他音乐规则。学者及爵士乐音乐家弗兰·J.巴雷特研究了爵士乐队如何以能够平衡一致性和创造性的方式来即兴表演。他认为，即兴表演也是能够熟能生巧的。爵士乐手通过模仿、组合、扩展和修改其他音乐家的音乐形成自己的乐章和音乐模式。这一过程意味着每一代新的爵士乐手都会站在前人的肩膀上进行创作，将新的生命力注入到爵士乐中，为后来者打下基础。

追求失败

巴雷特列出了让爵士乐队进行创新但不会变成混乱的一些特点。

广泛看来，这些特点可以分成三大类。

第一，爵士乐队和乐手会练习"刺激能力"——抵抗住返回到乐队既定演奏模式的诱惑。在爵士乐中，重复表演相同的独奏被认为是欺骗。为了能够做到这一点，爵士乐手会故意让自己身处不熟悉的音乐环境中。约翰·柯川会用很困难的调子演奏歌曲。迈尔斯·戴维斯会让他的乐队表演没有排练过的曲子。在各种情况中，重点就是打破常规，并鼓励承担逐渐增加的风险。

第二，爵士乐队会将错误转变成机会。实验性的爵士乐不可避免地会出现临时错误，但是伟大爵士乐队不会忽略明显的错误音调，而是会将其用作创造的机会。他们会重复、放大、扩展这个错误，最终根据这个错误进行创新。你会看到，当他们出错时，会成为全新乐曲的开始。

接受商业中的失败的重要性已经得到了强调，但是很少有企业能够像爵士乐队一样去追求失败。我们一些最伟大的商业发明都是通过愿意追求——而不是接受——失败而实现的。1968年，一位名为斯宾塞·席尔瓦的3M科学家想创造出一种新的更强力的黏结剂。然而，他发现了一种能够略粘到物体表面但是无法将二者粘结起来的黏结剂。这种黏结剂当时没有很好的用处，但是席尔瓦博士坚信他的失败能够变成一种有用的商业产品——尽管那个时候他还不知道为什么有人会用一种无法粘东西的胶水。与此同时，另外一位名为阿特·弗莱的科学家则在抱怨书签总是会从圣经中掉出来。他听说了斯宾塞·席尔瓦的发明，并决定他们应该一起研究一下能不能把这东西做成有用的产品。后来，这成为了世界上最有名也最常用的便条：便利贴。

第三，爵士乐队的结构是最小的——但是并非没有结构——而且依靠的是乐手之间的连续对话。这是一个参与式的民主和渐变的过程。其目标是实现动态的同步。与商业不同，这种形式的合作是基于感性而非理性的。为了保证良好的发挥，爵士乐队的成员会一起逛街，他们会一起聆听和讨论好的故事，并会提出他们不懂的问题。他们达到了一定的相互尊重和理解的水平，能够让他们预测对方的行动和意图。他们之间会相互转换领导和支持的角色，而且会感到很舒服。学习对他们来说就是一个共享的体验。

我们在刚创业的企业里经常会遇到这样的文化。小企业更能体现出爵士乐队的特质，而大企业更倾向于像交响乐团一样运行，并且更加强调结构和规划。我们遇到过的一些经历了从"大的小公司"向"小的大公司"转变的企业一般都会为其丢掉创始文化而惋惜。他们失去了在同事之间建立革命友谊的机会，反而接受了成长所需的纪律、过程、结构和专业性。即兴表演是小企业必不可少的特性，但是会造成大企业缺少专业性的后果。这个价值百万的问题就是如何在这两个方面做到最好：找到一种合作模式，来平衡爵士乐的动态和创造性与交响乐的无瑕表演。

▋Dropbox：更开明的工作方式

找到更好的合作模式是Dropbox核心理念的一部分。该企业创建于2007年，最初是一种管理文件的简单方法，但是很快就发现，因为文件需要由许多人分享，所以他们的业务就是让这些人的工作变得更好。Dropbox的使命就是"释放世界的创造力来设计更开明的工作方式"。我们与Dropbox在欧洲、中东和非洲的公关与传播主管尼克·莫里斯讨论了这个使命。

让人惊讶的是，Dropbox并不认为这项技术是有效合作的灵丹妙药。该企业很明白，有很多生产力工具能消耗创造力。莫里斯对此直言不讳：

尼克·莫里斯　答案并不是技术。答案是人们如何在一起行动。技术起到了重要作用，但是你不能只把技术放到没有作用的过程和文化里，并希望这样做就能解决问题。技术能做的就是让更多的人获得话语权。技术能够还原一个层级制的民主机构。

最好的想法不一定都来自于高层，而且作为负责团队运营的人，很庆幸我的责任并不是提出所有的想法！虽然我们的任务是设计更开明的工作方式，但是我们会向别人和我们自己提出问题，并且会提供答案。

能量的概念是Dropbox看待工作世界观点的基础。有效的合作不仅是组织知识，而且也是管理能量。技术应该能够将我们从繁重的体力劳动中解脱出来，所以我们可以关注更有趣的工作，但是技术会在不知不觉中给我们带来更多的压力、更少的时间和更低的幸福感。我们发现，现在越来越难离开本来是要用来解放我们的工具了。

莫里斯和他的同事做的许多工作就是改善他们的合作方式，关注如何发现、管理和改进这种能量。他认为，企业会以三种状态存在：固态、液态和气态。

固态拥有严格的结构和团队。这些团队是分层的，而且其领导人要对更高层的领导人负责，最终向组织的最高领导人负责。他们会得到命令，但是这种硬度意味着企业无法变得灵活，所以我觉得这不是答案，可能更像是交响乐团。气态就是说，所有事情都是浮动的，而且人们做他们喜欢做的事情，这也不是答案。中间的状态才是我觉得有意思的——对我来说，就像是一盏熔岩灯。团队需要团结一点，然后可以与其他团队分开或结合。这意味着我可能能够把我的经验借给各种不同的团队，然后返回到我之前正在做的事情。

这种液态的工作方式最接近"爵士乐队"的运作方式，而且Dropbox的工作风格就是最典型的代表。莫里斯的团队被分派到世界的不同国家和时区。

当你无法看到办公桌前与你共事的团队成员时，信任是最难建立的，而且有效的合作难实现。

对此，没有解决的好办法。Dropbox无法通过技术平台来解决这个问题，因为这个问题已经超出了技术范畴——是如何将人们联系起来。相反，莫里斯和他的团队使用了一系列不断演变的实践工具，来建立亲密关系、信任和更好的工作方法。

而且这一切的开始，就是你要了解你在与谁一起工作。这似乎不用想也很明确，但是，大部分企业中的团队多长时间会坐到一起讨论一下每个人怎么工作？以及他们怎样才能一起更好地工作？当前的工作文化强调的是个人效率，而不是团队内的有效合作；评估则强调的是个人以及个人的目标。莫里斯的回应是用一种简单的文件实现的——"与我工作"文件。

我的团队在一起工作了大约两年，在快结束的时候，我们都有了"与我工作"文件，而且我们都了解了相互的一些新情况，即使是当时我们已经很熟了。这个文件里有不同的部分。

"工作中对我非常重要的事"：信任对我来说非常重要。

"能让我继续前进的决定性条件"：我的决定性条件就是我必须要开心。

我们的另外一个部分是"什么事情让你真的生气？"里面还有关于"我想怎样交流"的东西。这是一种"关于我"的文件——如果我把这个文件给你看，可能会帮你了解我。我现在会把这个文件与跟我共事的人以及我的代理团队分享。

与爵士乐队一样，相互理解也是这里的关键。当人们相互交换而不仅仅是提出的时候，"与我工作"文件才能发挥最大作用。这些文件确定了基本准则，说明了根据对团队成员喜好的相互理解来确定交流的方式、时间和地点的方法。

"与我工作"文件是很好的开始，但是需要通过一系列的正式和非正式的互动进行支持。如果团队成员分散在多个地点，那么这将尤其重要。与许多其他技术公司一样，Dropbox也非常看重面对面的互动。

我们不断变化的工作方式意味着我们见面的机会很少，但是见面的时刻对我们来说是非常重要的。所以你必须创造这样的时刻。我们有一个团队见面地点。我的团队每周会交谈二次、三次或四次，但是我们都希望能亲自聚在一起。我们有一个文件，列出了我们想要讨论的主题。我们会看这个列表，然后说："好的，今天我们要解决什么问题？能坐在同一个房间里是一种不同的体验，而且可以让我们以不同的方式进行相互交流。"

这并不是一种普通的会议：没有传统的结构、提前约定和提前准备的议程，团队成员之间确定要讨论什么，并给自己一定的时间进行讨论。这里的合作并不太像爵士乐队，但是的确能发挥作用。Dropbox将开明的工作方式看成是一种旅程而不是目的地——一种总是在进行的旅程。所以，该公司会对实验进行投入，来找到新的和不同的方法，让人们能更好地在一起工作。这就像是对内部文化研发进行投资一样：

我觉得你必须有某种实验。我们说的是能够实践的安全空间。安全控件是绝对重要的，因为如果你不进行实验，那么就不会有进展。

我觉得很多公司会遇到与我们一样的情况。

脸谱网总是说要快速行动、打破常规。好吧，我以前为很多公司工作过，这些公司都希望快速前进，但是没有打破任何东西，而且如果能慢下来通常情况会更好。这并不是敏捷。你不能鲁莽，但是你应该为人们创造一个环境，来提出新的想法。

这种文化试验并不局限于"与我工作"文件和非现场会议。用来保证每天和每周正常互动的能量会保持新鲜一样：

我的团队每周一都会开例会。我通常会写议程，以前都由我来主持会议，但是别人的贡献没有想象中的大，所以现在我们轮流主持。我主持第四次、第五次和第六次会议，而其他人也会这么做，然后我们会一起完成日程。这让我们实现了改变。

用爵士乐队做比较是很好的。我们会鼓励团队成员轮流担任领导，来进行实验和即兴表演。为了做到这一点，"非领导"人员需要获得展示领导行为的许可：

创造更好的文化的责任并不只是公司领导的责任或团队领导的责任。团队中的人员之所以没有进步，是因为他们在等待别人这么做。任何人都不想承担所有的劳动。

与这种工作方法同样重要的是，作为团队挂名领导的莫里斯需要了解如何成为一个好的追随者（或支持者）。

结果不仅仅是要消除等级，这是一种更具有流动性的等级概念，以及一种共享的领导概念，因为这是一种集体责任。

　　这样一来，人们就不会再犯常见的错误了：参加会议的时候毫无准备，不知道自己是什么角色，可能连会议的内容都不知道。

本章结语

领导是一种共同的活动：重要的是要轮流去做。

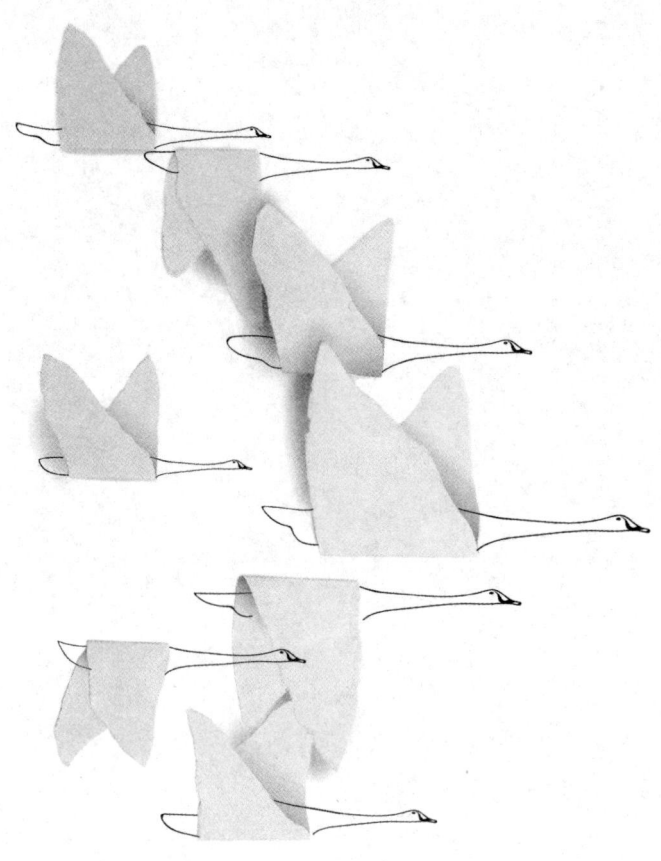

PART 23

与菲奥纳·哈泽尔（Fiona Hazell）的对话

英国乳腺癌研究慈善机构交流、政策与参与主管

你会认同
营销跟剥削差不多的
说法吗

赛斯·高汀是营销人员的营销人员，写了18本畅销书。他的博客是全球关于营销和领导力的最有影响的博客之一。2018年，他入选了营销名人堂。而且他的面相也很奇特——介于泰利·萨瓦拉斯和伍迪·艾伦之间。他有一张容易被人接受的营销脸：公正且有魅力。

他也认为营销可以是一种剥削活动。

在2009年发表的一篇名为"营销是否邪恶"的博文中，高汀提出了一些非常糟糕的营销案例：劝小孩开始吸烟；控制政治进程；彻头彻尾的谎言；推广非专利药物的效率更高；"通过新的方法让更多人接受肥胖，从而再让你多赚一些钱"。感觉其中有几个例子对于我们来说挺有争议的，但是我们还得面对，还有很多他没说到的东西：文化剽窃，用假新闻牟利，不当销售金融产品。高汀的观点是，营销是一种强大的工具，因此本质上没有好坏之分。最后为此承担责任的是营销人员。他的微博对于营销人员来说是一种质疑，可以让其思考其行动所能产生的影响。对于他来说，当营销人员和接受营销的人都能知道发生了什么，且都对最终结果感到满意时，营销对于社会才有用处。而且他相信，好的营销人员最终将战胜坏的营销人员。

对于上述所有原因，我们理解了为什么人们对营销人员持怀疑态度，但是很难感到他们的影响力被夸大了。人们普遍认为，营销人员是操控别人的大师，装备了各种个人数据的武器，而且背后还有行为科学家组成的军队提供支持，这种说法可以说是夸大其词了，而且可能远远超过了实际情况。外面的确有一些很差劲的营销人员，这些人是经常见到的，但是这多半不是因为他们是教条的或无效的，而是因为他们不道德。我们见到的大部分营销人员都有良好的意图，而且很聪明。但是他们也在应对预算紧张、数据不完整、同事低估他们的工作价值和误解、不理解他们的意图的问题。

发现意外宝贝的重要性

为了提升效率，营销人员需要一个良好的工作环境。可能这就是发现意外宝贝在大部分商业和营销行为的历史上都如此重要的原因。耐克的标志并不是因为对有志向的运动员的深入了解或是对目标人群的严格检测所得来的。这个标志是由一名学图形设计的学生设计的，最初设计这个标志的时候才得到了35美元。当菲尔·奈特第一次看到这个标志的时候，他的反应是："我不喜欢这个标志，但是就是忘不掉。"3M的成功很大程度上得益于企业的幸运时刻：思高洁和便利贴都是意外得到的。二战的爆发让可口可乐公司的德国分部无法进口生产可口可乐所必须的成分，因此被迫开发一种能够用本地水果制作的软饮料——芬达就此诞生。

这是不是意味着营销人员应该将他们的营销投资用来碰运气？当然不是。有一种看法，那就是营销人员在某种程度上能够创造他们自身的运气。理查德·布兰森在他的书《维珍唱片之路：我知道的关于领导力的一切》中认为，将成功归因于"运气"的人，属于"因为害怕从桥上掉落所以才安全参与"的人。在他的想法中，运气是你能够努力提升的东西。他引用了专业高尔夫球手盖理·普莱耶的话："我练习得越努力，我就越幸运。"他还讲了一个故事，关于他以前是怎样努力为迈克·奥德菲尔德的《管钟》寻找美国的分销商的。他求助过大西洋唱片公司的总裁阿迈特·厄特冈，他只是说"不明白"一张纯乐器的专辑怎么能在北美市场上取得成功，尽管在欧洲非常受欢迎。然后有一天，当厄特冈在办公室里播放这张专辑的时候，可能是想"了解一下"，威廉·弗莱德金走了进来，他立刻喜欢上了专辑中的音乐，于是将它加入了《驱魔人》专辑中，并将该专辑介绍给了全球的听众。幸运？布兰森的字典里没有这个词。他坚定地认为，如果没有纠缠厄特冈这么长时间，他永远都不会试着"了解"一下这张专辑，而且可能仍然是一个独特的欧洲现象。

勇敢的行动让维珍唱片走到了前面

这则故事的寓意就是，无论营销人员是否有强烈的道德指南针，能够让你取得成功的，是你是否有坚定的意志力，以及是否愿意采取勇敢的行动。当然，这些品质可以用在邪恶的一面，但是随着数据可获得能力的增加，营销——以及更普通的业务——在实现承诺方面变得越来越负责任。这意味着，营销人员做出的承诺将接受越来越多的审查，而且这些承诺的实现程度也一样。布兰森的维珍品牌就是在这种情况下发展的。维珍集团承诺要成为一个以目标为引导的集体，具有共同的承诺，那就是"为了正义改变商业"。为了证明这一点，该品牌退出了对F1的赞助来支持电子赛车，并将可持续性措施加入到了其商标授权协议中。

维珍公司可能走得有点快了。赛斯·高汀已经提出了他的观点，他认为，现在的社会到处都是肥胖、两性的不平等、种族歧视、虚假新闻、机会的不平等以及不可持续的消费，而营销在创造这样的社会过程中起到了巨大的作用。这种情况正在改变。部分是因为人们对于消费的态度正在逐渐变得更加开明，但是这是另外一个领域了，在这个领域中，人们也倾向于高估可持续性和道德对我们消费决定的影响程度。让我们来面对吧，像海洋中的塑料制品等问题只会因为我们不用费力将塑料制品扔到垃圾箱中的时候才会出现，更别说回收箱了。背景的变化主要是因为数据的采集、存储、整合和分析正在变得更加便宜和方便。营销人员能够更好地了解社会，但是数据创造的更高的透明度和可靠性意味着社会也能更好地了解营销人员及其工作。

英国乳腺癌研究慈善机构：需要大胆品牌的大问题

从很多方面来看，英国乳腺癌研究慈善机构的交流、政策和参与主管菲奥纳·哈泽尔都是一个典型的营销人员。因为年轻时对新闻感兴趣，所以获得了她所谓的"软弱"的学位，横跨媒体、公关和交流。刚从大学毕业，她就被毕马威会计师事务所聘用了，在那里，她发现人们真的不太了解营销在企业中的作用。在卡米洛特完成了一项工作之后，她在代理商那里工作了一段时间，然后又去澳大利亚旅行，在那里的癌症协会，她被聘用为公关经理的助手。就是在这个地方，她走上了与大部分营销人员都不相同的道路——慈善事业。

返回英国之后，哈泽尔加入了英国乳腺癌研究慈善机构，担任副公关主管，后来晋升为交流主管。在那里，开始了她长达20年的职业生涯，帮助人们了解营销能够给慈善界带来的价值：

菲奥纳·哈泽尔　我对英国慈善部门的理解或意识真的很少。所以，我觉得我当时非常幼稚。我有一种的确很让人讨厌的企业的商业观点，因此他们都在嘲笑我。非常正确。摩根当时是首席执行官，而且他还是交流主管，所以他能够理解交流和营销的重要性：它是实现改变的绝对必要条件。

慈善的品牌推广自菲奥纳在2012年加入英国乳腺癌研究慈善机构

以来实现了大幅的发展。很多情况下，其发展遵循的都是与企业品牌相反的轨道。慈善品牌总是充满含义，但是传统上看，都缺少所需的营销工具，无法抓住英国公众的心。而在另一方面，企业品牌一直都有充足的营销力量，但是从传统上看，却缺少慈善品牌所具有的"含义"或"目的"。这两个世界在过去的10年里出现了聚合，其中企业品牌变得更有"目的性"，而慈善品牌则使用了很多"专业"企业营销团队使用的工具。愤世嫉俗的人可能会认为，慈善品牌使用企业工具是为了操控消费者来实现更加高尚的目标。但是Fiona Hazell并不愤世嫉俗。在她的经验里，慈善行业的专业化已经带来了更高的效率。营销也有重要的作用。而且慈善机构不应该觉得要为此道歉：

如果有需要专业营销的品牌，那么就应该是慈善品牌了。对于营销，尽量变得专业，是我们必须做的一件好事。如果我们这样做了，那么我们就能向希望听我们说话的人传递信息。我们正在以一种高效的方式做这件事情，而且我们正在以一种最吸引人的方式来做这件事，从而获得我们需要的结果。这包括让更多的人获得药物的运动。这包括筹集更多的资金来进行重要的研究。我们有责任，因为我们是慈善机构。人们希望我们做好事。如果需要营销，那么我们就有责任对问题或事业进行营销。我们同样有责任为花钱的方式和原因承担责任。

对于任何慈善机构，核心的交流问题都是如何激励改变。通常情况下，改变都是从外部开始的：影响捐助者、决策者、有影响力的人和普通大众。有些时候，改变是内部的：创造一种文化，把不同的人聚集起来，解决某个社会问题。当两个组织合并的时候，这种内部的变化就会出现，就像英国乳腺癌研究慈善机构在2015年的情况，当时该机构与另外一个乳腺癌慈善机构——乳腺癌运动合并了。合并是一个不确定的情况。总会出现文化挑战。但是，还有一个很重要的任务，就是要证明合并后的机构能够变成一个一致的整体，而且要超过二者的总和。

营销职能在发展和阐明两家组织的同时可以共同支持的单一愿景和一套价值观方面发挥了核心作用。这就是英国乳腺癌研究慈善机构的诞生。其愿景就是，到2050年，让所有患了乳腺癌的人都能活着——而且生活得很好。这是一个巨大的挑战，因为仅在英国每年就有5500名妇女和男士被诊断出患有乳腺癌。这意味着该慈善机构还有30年多一点的时间来建立一个由研究人员、医护人员、病人、决策者、活动家和募捐人组成的圈子，来共同努力预防乳腺癌、更早更准确地诊断出乳腺癌，并尽量让乳腺癌的治疗完整和有效。营销是让这一切发生的关键：

> 无论是关于运动、政策进度还是多年依赖在医学研究方面的进展——这些都要在营销的帮助下用一种方式或形式来实现。无论是要转变决策者对某个问题的看法，还是要转变公共领域更多人的看法，无论是运动事实影响，营销在资助医学研究方面的社会利益是巨大的。因此，还需要说明慈善机构具有的影响，这也是我们的责任。但是营销永远都不能独立发挥作用。

英国乳腺癌研究慈善机构在实现其愿景方面也遇到了同样巨大的

挑战——该机构也无法单独运作。为了取得成功，该慈善机构需要动员社会上的基本改变。少喝酒、多运动、定期检查乳房、改善病人与医护人员之间的对话，这意味着影响并不是一种单向的交流方式。聆听是这项工作的关键内容。了解你想帮助的人和你工作的地区的感情需要。这也包括了解一个慈善机构所依赖的更广阔的受众——他们的期望值以及如何明确和自信地实现这些期望值。这其中包括保证能够考虑捐助者的需要，且该慈善机构明白收到的每一分钱是怎么花的：

在2015年合并之后，我们在策略和品牌方面所做的工作，包括询问我们最亲近的人，他们在未来需要什么。慈善行业的领导力与商业的领导力不同，因为人们希望我们是善良的，能够做善良的事。这适用于我们所做的一切，包括营销。我们要做出正确的决定，比商业组织更负责任，因为我们的所有资金都来自于他们。我们不是要盈利，而是要实现社会的利益。我们受人爱戴是因为我们会资助研究。证据真的很关键，但是这并不是唯一的东西，因为在进行交流的时候，我们并不是依据证据工作的。我们所做的一切都是这样。

在责任心方面，慈善品牌面临与企业品牌相同的压力。二者都需要测量运动的效率，并且需要证明营销的投资回报。二者都要追踪在某次活动之后的服务获取情况，都要追踪他们的收入来源以及更宽泛的品牌属性，例如专注度、品牌感知和更广泛的态度和行为。但是慈善品牌比商业品牌更有优势。因为慈善品牌可以更开放和慷慨。英国乳腺癌研究慈善机构品牌已经经过了特定的发展，所以能够轻易地被志愿者接受和使用，简单得就像是在纸杯蛋糕上加冰一样。商业机构会因为妒忌而保护其品牌并限制其使用和复制，与之不同的是，英国乳腺癌研究慈善机构创造了一个"开源"品牌，可以由所有人使用和拥有。虽然商业品牌和慈善品牌可能面临类似的压力，但是存在的基本差异意味着慈善品牌需要按照其自身的规则运行：

你会有不同的责任，且你会有不同的责任心。我想让我们在未来做得更多的一件事，就是变得更加开放。这将成为定义一个组织成功与否的真正因素。

像英国乳腺癌研究慈善机构的慈善组织需要在所有方向上进行交流。成功的营销需要能够理解不同受众的激励因素，并了解如何适当地进行应对：知道什么时候要有同理心，什么时候要进行强调，知道是应该温柔还是大声一点、是友好还是实际。因此，慈善品牌需要证明很大的感情范围，尤其是在人们会丢掉性命的领域中。造成反对或反抗的可能性会很大，所以如果过分注意也不要感到惊讶。但是，这并不是英国乳腺癌研究慈善机构实现其愿景的方法：

我觉得英国乳腺癌研究慈善机构的大胆体现了一个组织的大胆，这对我们的成功来说是非常关键的。我们的科学思维大胆、我们的运动大胆、我们的合作方式大胆。但是我们在思维方面的大胆是不一样的，比如我们是谁，以及我们希望怎样与人们合作。对我来说，这是我真心希望能够继续下去的永恒和基本的元素。

菲奥纳·哈泽尔体现了我们最希望在营销人员身上看到的很多素

质。她很商业化，但并不无情。在谈到成果时，她的话引人注目，但是她能理解经验的不可见的方面与她的工作的成功一样重要。她帮助说明了强有力且雄心勃勃的承诺，却打算一直为实现该承诺努力和负责。她提出了行动的急迫感，但是并没有将此作为走捷径的理由。她将数据用作创造的跳板，而不是用来束缚创造性。因此，她帮助我们创造了一个品牌，这个品牌的勇敢足以改变我们的生活。

本章结语

数据应该让你勇敢而不是迟钝。

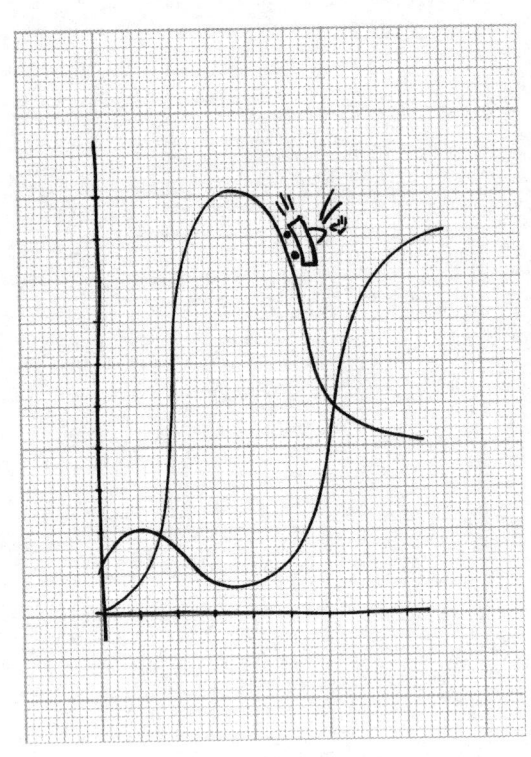

PART 24

与米克·德斯蒙德（Mick Desmond）的对话

全英草地网球俱乐部商务媒体主管

小细节
会导致人们对你品牌
的看法出现大差别

2018年2月，20位美国律师接受了人工智能公司LawGeex的挑战，与该公司的人工智能系统进行比赛，找到五份标准合法非公开协议中的漏洞。尽管这一队律师在检查此类合同方面有几十年的丰富经验，但是最终却败给了人工智能的算法。最终的结果是，人工智能的准确率达到了94%，而律师则为85%。这份研究生动地证明了，随着计算机技术的指数式发展，我们现在有能力管理大量的细节，来做出更好的决定。乔治·阿玛尼观察到，如果要创造超乎想象的东西，那么就要极度关注最小的细节。现在，大数据、人工智能、多重回归和机器学习等，似乎已经让这种超出寻常来到了我们的能力范围之内。

但是，对于这一观点，也有很长历史的异议：大部分组织都缺少资源（和愿望）来关注每一个微小的细节。如梭罗看到的那样："我们的生活被细节浪费……"所有的细节不会都是平等的，所以我们认为，我们在决策过程中越是注意细节，就越容易被无关的琐事分心。因此，出现了另外一种思想学派——"快速干净"的一群人，推崇启发式智慧或拇指法则。这群人更有可能推崇"快速行动和打破常规"，而不是追求真正超乎寻常的东西。

目标是满意

这里的目标是满意，而不是做出最好的决定——满意和满足的混合体，利用所得的有限时间、知识和智能来达到最好的成果。这里的想法是使用最少（和最相关）的数据尽快做出决定。在乔治·阿玛尼的世界观中，每一个细节都有可能影响到结果，因此应当得到无限的关注，而在亨利·戴维·梭罗的观点中，大部分细节都是背景噪音。

在1996年一份名为"论证快速简洁的方法"的论文中，心理学家格尔德·吉戈伦泽尔和丹尼尔·G·戈德斯坦对比了"拿最好的"满意算法和五个整合了所有可用信息的算法来进行决策。通过计算机模拟，研究人员给出了德国城市正确的算法，并要求这些算法根据不同的信息，确定哪个城市的人口更多。

让他们惊讶的是，作者发现，"拿最好的"算法战胜了所有其他的算法。更重要的是，这种算法得到的结果又快又准。这种情况的原因是，当知识有缺陷或不完整的时候，如果我们能够关注最重要的细节，而不是考虑所有可以获得的细节，那么就能得到更好的结果。无论一个人是做决定还是做算法，窍门就是知道要忽略哪些细节以及考虑哪些细节。

所以，我们如何决定应该重点关注哪些细节？

在2012年，哥伦比亚商学院的研究人员进行了一次实验，证明了这个问题的答案在于我们感觉我们知道什么。在实验中，参与人员被分成了两组。

研究人员向第一组描述了一系列场景，在这些场景里，他们都很信任自己的情感，但是这样做是错的，从而降低他们对自己情感的信任度。

相反，对于另一组人员，研究人员则提高了他们对自己感情的信任度。

然后，研究人员要求这两组人员预测一系列不同事件的结果，从天气到民主党提名再到电影票房和美国偶像的结果。在所有的情况下，对其自身判断更加信任的一组都远远超过了不信任其感情的一组。

研究人员将这种现象称为"情感神谕效应"，而且他们认为，之所以会出现这种情况，是因为相信其感情的人能更好地让自己与更多人的集体情绪协调起来，因此能更好地预测依赖人们的集体行为的结果。换句话说，如果你想预测哪些细节需要关注，那么就要考虑哪些感觉是正确的，而不是纯粹关注数据能够告诉你的情况。这给人工智能的支持者提出了一个有意思的挑战，因为这种说法认为如果要做出真正伟大的决定，那么还需要人工感情智能。

在考虑哪些细节对于人们体验一个品牌或一个企业时是最重要的时候，情感神谕效应的相关性尤为明显。你不能总是要测量重要的事情。

品牌和企业依赖于看不见的品质，如无法简单量化的情报、同理心和创造力。将注意力错误地放到细节上的最臭名昭著的例子可能就是范·海伦乐队的标准表演合同了，他们的合同规定，演出后台必须提供M&M巧克力豆，但是绝对不许出现棕色豆。

我们怀疑这里面有一种回归模型，可以证明后台提供的巧克力豆的颜色与成功的摇滚音乐会之间有强大的关系。虽然这一细节对于乐队是至关重要的，但是并不是成功的直接决定因素，而是一种合同中规定的技术要求没有得到全民遵守的征兆。

范·海伦乐队的主唱在其自传中解释道："如果我在后台的M&M里找到棕色豆，我就会立马知道承办方（十有八九）是没好好读完全部技术要求，我们肯定会碰上技术问题。某些技术问题绝对会毁了这场演出，甚至害死人。"

不能因为细节太小就认为细节是不重要的，而且也不能因为无法量化细节的相关度就认为能够安全地忽略细节。没有简单的答案能够知道应该关注哪些细节。这是一种需要通过时间进行磨炼的技巧。极少有机构能像全英草地网球俱乐部（AELTC）那样处理好细节。该机构负责举办温布尔登锦标赛——历史最悠久且最著名的网球赛事。

温布尔登锦标赛：建立良好的细节感

该俱乐部成立于1868年，并在1877年举办了第一届草地网球锦标赛。可以说条件是最基本的：200名观众出席了决赛——大约有30人坐在当时临时搭建的三层看台上。时过境迁，在经过了一个半世纪之后，锦标赛已经成为了注重细节的代名词。温布尔登的草地球场每年都要种草，并且会在锦标赛开赛前的一个月修剪到最适合打球的8毫米高度，然后会在开赛前的两周内，每天早上都重新修剪到这一高度。被球员踩松的泥土和草地将被铲走。早上5点到9点，会在球场上空放两只哈里斯鹰，赶走鸽子。锦标赛的游客也能得到同样细微的关照。

早上4点，从位于肯特的农场中把草莓采好，并在11点之前运到俱乐部进行去皮和检查。温布尔登草莓的最佳尺寸是25~45毫米，所以人们在享用草莓和奶油的时候，不用将其切开。每一处细节都是为了让人们有在英国花园中看网球的印象。

很多人成就了温布尔登品牌今天的样子，但是负责锦标赛完整性的关键人员是米克·德斯蒙德——全英草地网球俱乐部的商务媒体总监。他的工作有很大一部分是在举办世界上最重要和最著名的体育赛事的过程中，平衡对威布尔登的永久性和完整性的保留以及相关的商业压力。这项任务非常精妙：

米克·德斯蒙德　我觉得保护温布尔登品牌遗产和历史的最好方法就是不要让未来对其产生影响。如果你在展示品牌方面做任何改变，我觉得品牌就会枯萎。你可以是在年份上非常悠久的公司，但是仍可以具有现代的感觉。有很多其他公司是我们无法比拟的。博柏利就是一个很好的例子，这家公司拥有悠久的遗产和历史，但是从根本上改变了其品牌的外观。对于博柏利来说，最大的改变可能是其将数字体现转变成店内体验的方法了。

博柏利似乎是一个恰当的对比——这两个品牌都有类似的悠久历史。1856年，托马斯·博柏利在贝辛斯托克开了第一家门店，并在第一届华达呢锦标赛两年之后发明了华达呢。而且这两个品牌都通过将数字技术无缝转换成实际体验而吸引了一大群拥护者。当德斯蒙德到达的时候，这家机构在数字方面有所落后。让商务总监意想不到的是，他的应对方法是避开提供短期回报的引诱，并关注建立长期的愿景，将锦标赛转变成一种沉浸式的视觉在线体验，从而体现出实际和广播体验的质量。这种长期的决策方法是为具有如此长期历史的品牌工作的好处之一——当你的品牌已经存在了一个半世纪之久，你工作的很大一部分就是要保证这个品牌还会存在至少这么长时间。俱乐部的结构也鼓励采用一种长期的观点。全英草地网球俱乐部的董事会是由无酬劳的人员组成的，这些人员都是从会员中选择的。他们的首要责任就是要为俱乐部的长期利益服务，这经常意味着要经受住通过短期商业机会获得收益的诱惑，因为这种机会随着时间的推移会侵蚀掉该品牌的完整性。因此，该品牌一直在变化，但是通常都是以不为人知的方式进行的：

如果你要做一些事情，那么就要以积极的方法去做，而且要持久去做，并让它发挥作用。我说的不是奢侈浪费和多花钱——我们不会这么做。我们会在实现计划方面大量关注细节，而不是在过度消耗预算方面。但是，如果你要做一些事情，就要做好。我们在温布尔登经常会说："温布尔登总是在变化，总是一样。"我们希望，一个有10年没有来过这里的粉丝在走过大门的时候，会觉得能够来到温布尔登的后面是一件多么美妙的事情，要让他们有一种在英国花园中看网球的感觉。然后，他们在一整天的时间里会逐步发现出现变化的地方。

2016年，全英草地网球俱乐部开展了一项活动，来关注让锦标赛变得如此特殊的所有细节，从草莓的大小和草地的生长到对球童的严格培训和筛选。这项活动还引入了对该组织凝聚力的要求——"追求伟大"——其目的是解释为什么小的细节会给体验带来如此巨大的不同：

我们无法决定结果或是球员的表现。我们能做的就是建立一个最好的舞台，而且我觉得，我们建立的舞台越好，球员就越愿意表现。他们都说温布尔登是网球的家园，所以我们得继续让这里保持特殊。惊喜是这个品牌不可分割的部分。遗产和传统也一样。但是惊喜让我们保持新鲜。

值得注意的是，对于全英草地网球俱乐部的人员及其合作伙伴来说,"追求"与"伟大"是同等重要的。德斯蒙德和他的同事理解,他们永远都达不到完美,但是他们的重点是不断努力提升标准,并让自己更加接近完美。"追求伟大"不仅是建立一种持续改进的文化或精神,还有很多过程和程序能够将这种追求融入到该组织的日常业务中。而且追求伟大的核心,是我们见过的用于改进的最简单但是最强大的工具之一:列表。

我们如何提升标准?我们有一个列表,其中包括每个部门和每个委员会成员。我们每年都会拿出5分钟的时间来庆祝自己举办了如此伟大的锦标赛。然后,在休息一两周之后,我们就要开始着手举办下一届锦标赛了。我们会采访成员和利益相关者,还要研究广播合作伙伴和我们正式的供应商。然后,我们会确定哪些方面需要改进。列表上的内容大到重要战略改进,小到停车场的门有问题,可谓无所不包。董事将拿出一周的时间来对列表上的内容进行审查和讨论。我们现在已经同意了今年需要做的事情,包括建筑方面的重点、IT方面的重点以及一些战略改变。

在全英草地网球俱乐部的每个人都有这份列表,而且知道列表上的内容,包括其各自级别的内容以及团队的重点工作。每个人都知道他们需要完成的概念。而且每个细节都有涉及,包括修铰链和停车场的门,到为全伦敦最漂亮的广播画面定位摄像机等。这些情况并不被认为是分心,而是这个品牌的全部。列表上更大的基础设施项目会被升级到"温布尔登总规划"中,一般需要多年才能完成。这份列表不光是为了实现内部改变,而且还可以保证锦标赛每年都能给合作伙伴带来更大的回报：

我们的合作伙伴投入到锦标赛的每一分钱都用在了两个方面。一部分用来改善英国的网球运动，剩余的部分进入草地网球协会，负责监督英国的参与情况和高业绩。剩下的钱由俱乐部保留，并进行重新投资，让锦标赛变得更加特别。我们的观点是，每年你都要提升标准，然后，锦标赛才能成为我们告诉所有合作伙伴的传奇故事。他们都能看到，我们每年都在努力让这项赛事变得更大、更好和更加全球化。

温布尔登和其他很多体育赛事最大的不同之处在于其合作伙伴的品牌能精妙地融入到品牌体验中。很少有人会注意到他们会夸张地吸引观众的注意力。这是一种经过深思熟虑的合作方式的结果，这种方式避免了拍手叫好，而是选择了少数与锦标赛品牌及其故事和谐相处的合作伙伴。细节在这里也很重要。在我们与德斯蒙德的谈话快要结束的时候，我们邀请他跟我们说一说，我们讨论的细节之中，他认为哪一些给该品牌带来了最大的变化。他的回答是：最重要的细节就是列表本身：

建立一个列表看似一桩小事，但是这个列表推动了温布尔登的发展。这份列表让我们在任何时候都不会自满，因为总是有些事情是我们需要改善和做得更好的。

在很多企业中，战略规划总是关注大的目标，因此我们很多人忘记了小的改善，但是这些小的改善能够让我们变得更开心和更有生产力。而且在繁忙的工作中，很容易就会忘记这些细节，或让这些细节从重要事项列表上溜走。用细节列表来补充你的总计划进行改善似乎是一种非常敏感的方式，可以用来开始让你自己的企业追求伟大。

本章结语

有的时候，最好的策略就是一个愿景和一份列表。

PART 25

Clearing组织

你的
工作使你感到
开心吗

你的办公室里有没有丛林休息室？拱廊？人们会不会在吊船上开会？会不会坐滑梯或消防员滑竿下楼？如果你的答案是"是"，那么你极有可能是在苏黎世的谷歌工作。你可能甚至会说自己是"Zoogler"。谷歌并不是唯一如此认真对待开心的企业。在线鞋靴零售商美捷步聘用了一组"Fungineers"来创造古怪的员工干扰，让其核心价值观变得生动："创造快乐和一点怪异。"这其中包括在拉斯维加斯长廊中的一个按钮，上面写着"不要按这个按钮"。但是，当有人按下这个按钮的时候，就会触发灯光和音乐，瞬间来一场舞会。美捷步的Fungineers还创造了很多内部活动，如"周四穿靴子和短裤"以及"周二穿芭蕾舞裙"等。剩下的就让大家自己想象吧。

快乐已经变成了一种严肃的事情，引起了严肃的学者的注意。其中一位就是卡里爵士，他是曼彻斯特大学的组织心理学与健康教授，而且还是职业福利咨询机构罗伯逊·库珀的创始人。2016年，他在英国进行了一次研究，来了解"快乐"在工作中意味着什么，并提出了五项排名最高的活动。

- 周五便装
- 办公室派对和晚上出门
- 台球桌
- 办公室宠物
- 福利按摩日

开心的好处

根据该研究，在过去的6个月里参加了这些开心活动的人，更愿意努力工作、工作效率和创造力更高，而且感觉自己对组织的价值更大。让人担心的是，该调查发现，工作时的开心严重不足。收入低于15000英镑的人有一半可能不会在工作中参与开心活动，远远低于高收入人群——让他们在工作时得到的灵感和兴奋程度更低，而且最有可能认为下班时间是每天工作中最有意思的。卡里爵士报告中的结论是，这样的活动相对成本较低，但是能够给员工福利和组织业绩带来巨大的好处。开心，好像具有很高的投资回报。

并不是每个人都喜欢开心。安德烈·斯派塞等评论家指出：工作场所开心有很长的历史，自20世纪30年代开始，就有了开心的员工是好员工的说法，但是几十年的研究都没有确定对工作地点的满意度和组织成功之间的决定性关系。卡里爵士的结论依据的是他自己报告的数据，而不是对企业业绩的客观分析，因此我们必须对此持保留态度。让人开心的工作环境能够让工作变得更有意义看似是合理的，但是周五便装和台球桌真的比让人们做更有意义的任务更有效吗？

我们保持中立。我们在这本书的其他地方写过负面情绪在工作中的影响。创造一种支持开心的文化与企业应该理解情绪并因此能够应对员工伤心、焦虑、偏执或害怕的情况的概念是完全相反的。这并不是说，促进工作环境中的开心不是值得一做的事——当然应该这样——但是周五便装不会让企业变得更加具有创造力——而是会让企业变得更加古板。周五便装并不能证明企业非常宽容，只是强调了在每周的四天时间里，人们都必须遵守着装要求，但是这种要求不一定能够有效执行。

学会开心

那么，真正的企业开心在哪里？保罗·多兰将其职业生涯都用在了了解开心上。他是伦敦经济学院的行为科学教授，并将实验室研究、大数据和现场实验结合了起来，来测量开心。我们第一次遇见他是在他和普利茅斯大学读马修·P·怀特在2009年共同写的一篇研究文章中。这篇文章名为"论日常活动的丰富性"，并且介绍了一种考虑开心的新思路——并不是感情的结果，而是思考的结果。

其想法是我们进行的任何活动——包括工作——都能从两个角度来考虑。第一个与我们对活动的感觉有关：这个活动本质上是不是能让人开心的？第二个与我们如何思考这个互动有关：这个活动能不能帮我们实现有意义的目标？这两位作者用两条轴线画出了日常的活动——一条与我们从活动中感到的"快乐"有关，一条代表的是我们认为能够从活动中得到的"奖励"。有些活动，例如通勤，被认为是既不会让人快乐也不会得到奖励。有些活动既能让人快乐又能得到奖励，如社交、运动、烹饪、陪孩子和冥想。其他的一些活动能够带来快乐，但是没有奖励，如放松和看电视。然后是工作，能够产生奖励，但是不怎么让人快乐，与之类似的有家务活等，但是更让人惊讶的是居然还有性行为。

这两位作者总结道，如果工作与我们的个人目标一致，并能满足我们的个人目标，那么就会让我们开心。我们大部分人都会去做我们认为有意义的工作。如果工作没有了意义，就会让人感到疲倦，而且我们的动力也会消失。开心在于要找到能让我们感到开心的"快乐"

活动与通过实现一个目标来产生奖励的"有目的"的活动之间的平衡点。这种平衡点会因人而异，也会因为情况而异。我们可能会是多兰所说的周末"快乐机器"，并会在周一早上开始上班的时候瞬间变成"目的怪兽"。

　　所以，我们怎么才能学会开心？平衡生活中的快乐和目的。在工作中，这意味着有两种办法可以让人更加快乐。第一种就是认可工作是有目的的，但是本质上是不太快乐的，因此可以将这种活动与快乐的活动平衡一下，例如花时间陪陪孩子、做做运动、进行一下社交活动或看看电视：基本上讲，就是多玩少工作。第二种方法就是让工作变得更加让人开心，但是这并不是台球桌或乒乓球能解决的，这些活动会让我们在工作中分心。我们应该找到更好和更开心的方法来完成我们的工作。

The Clearing：开心、名声和经济奖励

卡里爵士可能不会赞同The Clearing。我们晚上会出去，但是没有按摩日。我们不会在周五穿便装，因为我们希望所有人每天的打扮都能像成人。虽然我们喜欢小狗，但是我们不会养狗。有些时候，时间是很宝贵的。报酬并不高，但是真的非常有趣。

我们开展这项工作是因为我们发现，当我们都能参与到每个阶段的时候，我们就能完成最好的工作——客户经理、作家、设计师和顾问。与大部分咨询机构相比，这绝对是一种低效的工作方式。我们之前在一些大型的咨询机构工作过，这些机构采用了一种生产线方法：战略分析人员会把工作传递给作者，作者再把工作传递给设计师，而且在此过程中，客户经理要保证每一次传递都是无缝的，让客户注意不到团队的变化。我们则采用了一种效率更低的模式。我们这里没有传递过程，因为每一个团队都参与到了关系的每个阶段。这意味着我们的工作方式没什么结构，而且我们不太强调大部分企业会追踪的参数。我们没有时间表，我们不太注重项目的营利性，或给我们花在客户身上的时间比例设定目标。当然，我们的业务是稳定的、有利润的且在不断增长的。

追求质量

出现这种情况的原因是，我们遵循的是一种老派的想法，那就是

质量在我们的工作中高于一切。因为没有一种客观的方法能够测量质量，所以测量我们怎么利用时间就会产生相反的效果：这样不仅会让我们无法注重工作的质量，而且还要花很多的时间来填写和分析时间表。所以，我们不会用这些东西，因为太麻烦。我们首先关注的是工作的质量，而且我们用来测量质量的方法被归结成三个简单的问题：是否能够通过客户自己无法实现的方式来满足客户的需求？我们是否对我们的作品感到骄傲？以及客户是否也会感到骄傲？这种方法对我们和我们的客户都管用。

除了质量以外，对于我们进行的任何活动，我们还有三种更广泛的成功测量方式：

– 活动是不是有趣？

– 能不能让我们出名？

– 有没有经济回报？

对于任何活动，如果这三个问题有两个问题的答案是肯定的，那么就值得一做。否则，我们就会走开。我们做项目不仅是为了赚钱，因为这样会导致人才流失。我们做项目也不是因为项目好玩——这些都是些面子工程，会让我们的资源无法集中到更值得的活动中。我们越能遵守这些原则，就越发现自己在与具有相同思维的人工作，而且工作对于我们自己和客户来说，就会变得更加有趣。这两种方式都能带来开心，而且从一开始，我们就会告诉客户，他们与我们的会面应该是他们这一周的重点。我们所做的工作——帮助企业传递明确的承诺，然后设计品牌来实现这个承诺——就是我们的工作能够带来的开心。

风格与内容

西蒙·斯涅克认为，这个世界"从为什么开始"——找到能够推动我们所有人的目的、原因或信仰。虽然我们不像我们遇到的其他人一样如此迷恋目的，但是我们觉得，对于企业来说，应该要理解他们为什么要做正在做的事情。我们不关心你把这个称为目的、承诺、愿景还是使命，其实就是人们都明白的东西，而且要有一个原因作为动力来实现。但是，经常超出范围的是"方法"的重要性。你可能会有一个高尚的目的，但是会通过让生活变得困难或不开心的方式来实现这个目的。对于我们来说，工作的方式与工作本身的内容是同样重要的。

人们崇拜的企业和品牌并不是那些具有最崇高目的的企业或品牌——而是能够以吸引人的方式实现其目标的企业和品牌。人们不是因为西南航空公司的品牌目的而愿意坐他们的飞机。大部分乘坐西南航空公司飞机的人都没法告诉你他们的目的是什么，但是他们能告诉你旅途非常舒适。苹果公司虽然获得了如此的爱戴和关注，但是就连行业专家也很难就其目的达成一致意见——有些说苹果是要"让人们都能接触到科技"，有人说是要"实现创造性的探索和自我表现"，或是"把宇宙咬一口"。我们翻遍了苹果的所有网站，但是所有关于目的、愿景或使命的东西都让人难以理解。这可是世界上最宝贵且最让人崇拜的公司了，但是任何人都不知道它的目的是什么，它的风格就是不做错事。

你不必在苹果或西南航空公司工作来获得令人开心的工作体验。我们曾经与各种类型和规模的企业合作过，并且看到了在最不可能的地方出现的一些精妙的工作文化。在目的和快乐方面，没有"是与否"的决定。保罗·多兰的作品证明了，这两种情况能够同时实现。我们认为，伟大的组织都有能力明确地表达让其工作具有意义的承诺，然后设计一种文化和环境来将这种承诺变成一种伟大的体验——对于员工和客户都是这样。目的很重要，但是只有能以最快乐的方式实现的时候，目的才能发挥最大的作用。

本章结语

如果不快乐，目的就无意义。